지금은
시니어
지식창업시대다

지금은 시니어 지식창업시대다

초 판 1쇄 2023년 07월 25일

지은이 백지안
펴낸이 류종렬

펴낸곳 미다스북스
본부장 임종익
편집장 이다경
책임진행 김가영, 신은서, 박유진, 윤가희, 정보미

등록 2001년 3월 21일 제2001-000040호
주소 서울시 마포구 양화로 133 서교타워 711호
전화 02) 322-7802~3
팩스 02) 6007-1845
블로그 http://blog.naver.com/midasbooks
전자주소 midasbooks@hanmail.net
페이스북 https://www.facebook.com/midasbooks425
인스타그램 https://www.instagram/midasbooks

© 백지안, 미다스북스 2023, *Printed in Korea*.

ISBN 979-11-6910-286-5 03320

값 **17,500원**

미다스북스는 다음세대에게 필요한 지혜와 교양을 생각합니다.

지금은
시니어 지식창업시대다

당신의 **60세 이후**를 장악하라

백지안 지음

미다스북스

새로운 세상을 향한 도전, 지식창업

전 현직 초등학교 교사입니다. 올해로 15년째 복무 중입니다. 중년인 40대 초반에 교대 편입을 하였습니다. 그전까지는 아이 셋 엄마로 분주한 삶을 살았습니다. 주부로 살다가 뒤늦게 공부에 도전하는 것을 결정하기가 쉽지는 않았습니다. 그때 저와 똑같이 이른 결혼으로 가정에 안주한 후배의 권유가 있었습니다. 함께 공부할 벗이 있기에 더 쉽게 다가설 수 있었습니다.

희한하게도 늦게 시작한 공부에서 삶의 열정과 행복을 느꼈습니다. 말라가던 고목에 공부 꽃이 피어나고 그렇게 교사가 되었습니다. 제가 만난 아이들을 일 년간은 제 자식이라는 마음으로 최선을 다해왔습니다.

그래서인지 좋은 아이들하고만 인연이 되었고 순풍에 돛 단 듯 저의 학교생활은 평화로웠습니다.

학년 초에 학생명단이 든 봉투를 뽑아서 반을 선택합니다. 누가 어느 반 담임을 하게 될 지 아무도 모르지요. 한 해 내내 학급 운영이 수월하게 잘 되면 뽑기를 잘했다면서 모두 부러워합니다. 전 항상 그런 말을 들어왔고 언젠가부터 제 마음 깊이 오만이 싹 텄습니다. '내가 지도를 잘하는 거지.' 이렇게 생각하게 되었죠. 그 오만함의 콧대가 높았던 탓인지 교통사고와 같은 어려움을 갑자기 만나게 됩니다.

근래의 학교는 예전의 모습과는 많이 달라졌습니다. 교사의 교권은 추락하고, 매사를 학부모와 학생 인권 존중 위주로 진행합니다. 마땅히 변해야 할 모습이지만 교권과 학생 인권의 균형감이 제대로 서지 않으면서 문제점들이 나타나고 있습니다.

그 변화의 역풍을 맞은 것입니다. 타 지역에서 전학 온 아동의 학부모님께 클레임을 받고 어려운 일 년여의 시간을 보냈습니다. 고난의 시간과 마주하면 자신이 서 있는 곳의 진면목이 드러납니다. 무엇보다 사람들의 속내가 들춰지지요. 나에게 일어난 사건보다 더 가슴 아팠던 건 당연히 울타리가 되어줄 거라고 여겼던 직장과 동료의 모습이었습니다. 교사들은 몇 년에 한 번씩 발령을 받고 학교를 옮겨가므로 찐 동료를 만나 긴 힘든 것 같습니다. 하나의 소명의식으로 뭉칠 수 있다고 생각했지만 그건 순진함이 빚은 오류일 뿐이었습니다.

그렇게 저는 마음을 다친 상황에서 새로운 일을 찾아보았습니다. 최소한의 교사 인권도 보장이 안 되는 직장에서 나와 사람대접은 받는 일을 해야겠다고 맘먹었습니다. 제 나이도 정년을 얼마 안 남긴 나이라 우선 60대를 넘어서 새 일을 시작한 사람을 찾아보았습니다. 1인 기업 길을 먼저 걸어가시던 안현숙 대표님께 연락을 드렸습니다. 무작정 초면에 인터뷰를 청했지요. 그분의 권유로 1인 기업을 시작하게 되었습니다. 그 뒤에 김형환 교수님의 '1인기업 CEO과정'을 공부했습니다. 새로운 세상을 만난 거지요.

또 빡센 공부가 시작되었습니다. 새로운 변화를 배우기 위해 한없이 빠져들었습니다. 더구나 지금은 디지털 시대의 가속화로 배울 것이 지식과 기술로 더 늘어난 상태입니다. 분명히 공부는 열심히 하며 여러 스승님을 만나고 있는데도 저는 가닥이 잡혀지지 않았습니다. 혼란스러웠습니다. 작은 변화는 서서히 일어났습니다. 물론 이 책은 그런 제 고민의 흔적을 고스란히 반영하였습니다. 저처럼 헤매지 않고, 하나하나 준비해 가길 바라는 마음으로 책을 준비했습니다.

지금은 시니어 지식창업시대다

현대 사회에서는 놀라울 만큼의 진보된 의학과 향상된 생활 조건 덕분에, 수명이 100세를 넘어가는 시대를 맞고 있습니다. 우리 모두 마주하는 새로운 현실이기도 합니다. 이 긴 노후를 어떻게, 어떤 방식으로 보내야 할까요? 이 질문에 대한 대답이 막연하고 두려움에 차 있다면, 이 책이 여러분에게 힘과 용기, 그리고 실질적인 방법을 제공해드릴 것입니다.

이 책에서는 여러분이 자신만의 지식과 경험을 활용해 소득을 창출하는 방법을 제시하고 있습니다. 이를 '1인 지식창업'이라 부릅니다. 이것은 큰 규모의 사업을 시작하는 것이 아닌, 여러분이 가진 지식과 능력을 최대한 활용하여 작지만 꾸준한 소득을 창출하는 방법입니다. 시니어들이 보다 안정적인 노후를 위해 도전해볼 수 있는 새로운 방식입니다.

시니어라는 단어에서 느껴지는 한계는 어디에 있을까요? 아마도 우리는 잘못된 관점에서 그것을 바라보고 있을지도 모릅니다. 시니어라는 것은 단지 '나이'가 아닙니다. 그것은 지혜와 경험, 그리고 삶의 다양성을 지닌 값진 존재입니다. 시니어는 우리 사회에서 가장 중요한 자산 중 하나입니다. 그럼에도 불구하고, 지식과 경험을 최대한 활용하지 못하고 있는 상황이 우리를 둘러싸고 있습니다. 이 책은 바로 그 상황을 바꾸고자 하는 도전입니다.

시니어의 세계는 풍부한 경험과 지식으로 가득 차 있습니다. 그런데 이것을 누구에게, 어떻게 전달해야 할지를 모르는 분들이 많습니다. 이 책은 그것을 알려줍니다. 여기에서는 단순히 지식을 팔아서 돈을 버는 방법을 가르치는 것이 아니라, 자신이 가진 지식을 어떻게 가치 있는 '상품'으로 전환시킬 수 있는지를 알려줍니다.

지식창업이란 새로운 세상을 향한 도전입니다. 그 도전에 앞서, 우리는 자신만의 '지식'을 찾아내고, 그것을 어떻게 다른 사람들에게 가치 있는 형태로 제공할 수 있을지에 대한 방법을 배워야 합니다. 이 책은 그런 과정을 단계별로 이해하고 실천할 수 있게 돕고자 합니다.

지식창업에 대한 이론을 제공하는 것이 아니라, 실제로 어떻게 지식창업을 시작하고 운영할 수 있는지에 대한 구체적인 방법을 제공하려고 했습니다. 시니어들이 이 책을 통해 자신만의 지식창업을 성공적으로 시작하고 운영할 수 있도록 도와주는 것이 이 책의 목표입니다.

따라서, 이 책은 단순히 한 권의 책을 읽는 것 이상의 경험을 제공합니다. 한 번의 독서로 끝나는 것이 아닌, 여러분의 삶을 변화시키는 새로운 시작입니다. 이 책을 통해 여러분의 지식창업이 성공적으로 이루어지길 바랍니다. 그 과정에서 여러분은 자신의 삶을 통해 축적한 지식과 경험의 가치를 새롭게 발견하게 될 것입니다.

2023년 시니어의 길에 들어서며

백 지 안

목차

4장 끝나지 않는 도전: 지식창업의 성장과 혁신

5장 시니어 1인 지식창업가의 성공 사례

1장

시니어의 노래, 지식창업의 선율:
노년과 **지식창업**이 만나면?

시니어의 눈으로 본 지식창업:
도전의 시작, 이제가 딱!

지식창업은 개인이 자신의 지식, 능력, 경험을 활용하여 사업을 창업하고 운영하는 것을 말합니다. 이는 특정 분야에 대한 전문성을 가진 사람이 그 지식을 다른 사람에게 전달하거나, 제품이나 서비스를 개발하여 판매하는 것을 포함합니다.

1인 지식창업은 한 사람이 모든 업무를 담당하는 형태입니다. 1인 지식창업의 주요한 특징은, 단 한 사람, 즉 '당신'이 모든 것을 진행한다는 것입니다. 당신은 제품이나 서비스를 개발하고 판매하며, 고객 서비스에도 직접 관여해야 합니다. 필요에 따라 일부 업무를 아웃소싱할 수는 있지만, 기본적으로는 당신이 모든 책임을 지게 됩니다.

이는 도전적인 과제가 될 수 있지만, 그만큼 큰 보상도 있습니다. 당신의 작업과 결정이 직접적으로 결과에 영향을 미치며, 성공 시 얻는 만족감과 보상도 큽니다. 지식창업은 자신의 아이디어를 실현하고 자유롭게 비즈니스를 운영할 수 있는 기회를 제공합니다. 또한 자신의 지식과 경험을 활용하여 다른 사람들에게 가치를 제공하게 됩니다.

특히 시니어 분들은 지식창업에 적합한데, 오랜 경험과 넓은 지식, 인맥 등이 큰 자산이 될 수 있기 때문입니다. 종종 시니어 분들은 자신의 지식과 경험에 대해 인식하지 못하는 경우도 많습니다. 이제 창업을 시작하고 성공적으로 운영한다면 지속적인 수입을 만들어내는 데 도움이 될 수 있습니다.

지식창업은 과정을 거쳐 이루어집니다. 지식을 기반으로 제품이나 서비스를 개발하고, 시장에 출시하여 판매하며, 고객 관리를 합니다. 이 모든 과정은 도전적이지만, 지식창업이 새로운 기회와 도전, 보상을 제공할 수 있다면 한 번 고려해볼 가치가 있습니다.

실제로 많은 시니어 분들이 소셜미디어, 블로그, 유튜브 등을 통해 자신의 지식을 공유하며 지식창업을 실천하고 있습니다. 이들은 다른 시니어 분들과 도움이 필요한 사람들에게 자신의 경험과 지식을 제공하고,

그 과정에서 보람과 만족감을 느끼며 삶의 질을 향상시키고 있습니다.

지식창업의 중요성: 연금시대의 강력한 파트너

우리는 현재 연금시대의 도래를 목격하고 있습니다. 수명이 길어지면서 삶은 더 이상 젊은 시절에 교육받고, 중년 시절에 일하며, 노년 시절에 휴식을 취하는 전통적인 단계로 나누어지지 않습니다. 대신 학습, 일, 휴식이 여러 단계로 섞여 있는 긴 생애를 보내게 되었습니다.

이 변화는 우리의 삶에 많은 영향을 미칩니다. 특히 노년 시절에 대한 인식과 준비가 크게 달라져야 합니다. 그중에서도 가장 중요한 것은 우리가 더 오래 일하게 될 것이며, 이는 경제적 안정과 자아실현에 큰 역할을 할 것이라는 사실입니다.

지식창업은 이러한 변화에 맞춰 삶을 재편하는 뛰어난 도구입니다. 지식과 능력을 활용하여 독립적으로 일하고, 동시에 계속해서 학습하고 성장할 수 있습니다. 또한 이 모든 것은 컴퓨터를 통해 집에서도 가능합니다.

'은퇴'라는 개념은 이제 우리에게 어울리지 않습니다. 우리는 자신의 지식과 능력을 계속해서 사용하고 확장함으로써 삶을 더욱 풍요롭게 만들 수 있는 기회를 찾아야 합니다. 그것이 바로 지식창업이 제공하는 것입니다.

특히 시니어들에게 지식창업은 매우 중요합니다. 더 이상 일터에 머무를 필요가 없습니다. 당신은 이미 수년간의 경험과 넓은 지식을 가지고 있습니다. 이제 그 지식을 활용하여 자신만의 비즈니스를 만들고, 새로운 도전과 기회, 경제적 안정을 찾을 수 있습니다.

지식창업은 경제적 수익을 창출하는 것뿐만 아니라 삶에 더 많은 가치와 의미를 부여하는 도구입니다. 지식창업을 통해 당신은 더 오래 더 행복하게 살 수 있습니다. 지식창업은 비즈니스를 만드는 것뿐만 아니라 당신의 삶을 새로운 방향으로 이끌어줄 수 있습니다.

시니어들이 지식창업에 적합한 이유는 여러 가지가 있습니다. 우선, 시니어는 많은 경험과 지식을 가지고 있습니다. 그들은 이미 많은 것들을 알고 있으며, 이는 창업을 할 때 큰 자산이 됩니다. 그들이 가진 광범위한 경험과 전문 지식은 가치 있는 비즈니스를 창출할 수 있는 힘이 됩니다.

또한 시니어는 생활 패턴과 일상 습관이 이미 형성되어 있습니다. 이는 새로운 도전이나 학습에 있어서 안정성을 제공합니다. 그들은 이미 자신들의 일정을 관리하고 시간을 효율적으로 사용하는 방법을 알고 있습니다. 또한 여유로운 시간을 가지고 있어 새로운 학습이나 사업에 집중할 수 있습니다.

또한 시니어는 이미 실패와 성공을 경험했으며, 이는 새로운 도전에 대한 두려움을 줄여주고 동기를 부여합니다. 그들은 이미 여러 번의 어려움을 극복하고 성공을 경험했기 때문에 더 이상 새로운 도전에 두려움을 갖지 않습니다. 이러한 경험은 그들에게 새로운 도전에 대한 용기를 부여합니다.

또한 시니어는 자신들의 관계망과 사회적 연결을 통해 강력한 리소스를 활용할 수 있습니다. 그들의 네트워크와 관계는 새로운 사업에 필요한 리소스나 파트너를 찾는 데 매우 유용할 수 있습니다.

시니어는 경제적 안정성을 바탕으로 새로운 도전을 위한 기반을 마련할 수 있습니다. 그들은 이미 자신들의 재정적 안정성을 확보했기 때문에 새로운 사업을 시작하기 위한 초기 투자를 할 수 있습니다.

하지만 몇 가지 오해도 있습니다. 첫째로, '나는 지식창업에 필요한 충분한 지식이나 능력이 없다'는 오해입니다. 사실 우리는 모두 일상 생활에서 특별한 지식과 능력을 가지고 있습니다. 우리가 이미 보유하고 있는 지식과 경험이 우리가 제공할 수 있는 유일무이한 가치입니다.

둘째로, '나는 비즈니스를 운영할 수 없다'는 오해입니다. 비즈니스 운영에는 많은 기술과 지식이 필요하지만, 이러한 것들은 배울 수 있습니다. 또한 지원을 받을 수 있는 다양한 리소스와 도구도 많이 있습니다.

셋째로, '나는 너무 나이가 많다'는 오해입니다. 사실은 나이가 들어갈수록 우리는 더 많은 경험과 지식을 쌓을 수 있습니다. 나이는 창업에 있어서 장애물이 아니라 장점이 될 수 있습니다.

이러한 이유로 시니어들은 지식창업에 완벽한 후보가 될 수 있습니다. 그들은 이미 많은 것을 보유하고 있으며, 더욱 학습하고 발전할 수 있습니다. 그들은 새로운 기회를 찾아 자신의 삶에 더 많은 가치와 의미를 부여할 수 있습니다. 이 세 가지 오해를 극복하는 것은 지식창업에 성공하는 첫 걸음입니다.

학교에서 수업을 하며 학생을 가르치는 것이 전부인 줄 알고 살아왔습니다. 은퇴를 앞두고 무슨 다른 할 일이 있나 기웃거려 봤지요. 전 중년에 일을 시작하였기 때문에 근무 기간 20년을 못 채우고 퇴직하게 됩니다. 20대 청춘에 교사를 시작하여 40여 년 근무하는 분들에 비해 연금이 반토막이죠. 수명 100세 시대입니다. 요즘 장례식장에 가면 작별하신 분들의 연령대가 거의 90대입니다. 100세는 코 앞이고 120세 시대라는 말이 곧 일상화될지도 모릅니다. 준비하지 않은 노후는 재앙이 될 겁니다.

연금이 있다 해도 소일하듯 일이 있는 것은 건강하게 살기 위한 필수 요소입니다. 1차 직업이나, 평생에 해 온 일의 지식과 경험이 새로운 무기가 될 수 있습니다. 전 제가 좋아하는 책 읽기, 제가 그나마 할 수 있는 글쓰기, 그동안 직장생활에서 해 온 가르치는 일 등을 활용해야겠다고 마음 먹었습니다.

처음부터 이런 결정을 쉽게 할 수 있었던 것은 아닙니다. 나를 들여다보고, 많은 분을 만나 공부하고, 고민하는 시간을 보낸 다음 비로소 내 안에서 추출할 수 있었습니다. 이것은 완성형은 아닙니다. 일을 하고, 현장에 적용하면서 또 수정해 갈테니까요.

혹시 완벽하게 준비해서 어떤 결정을 하려고 망설인다면 그러지 마세요. 자신을 과대평가하는 것도 위험하지만, 자신을 과소평가하는 것은 삶을 낭비하는 것입니다. 그냥 했던 일에서 출발해 보세요.

노년의 보물찾기,
자신만의 지식과 경험 찾아내기

자신만의 경험과 지식을 찾아내기

지식창업을 시작하려는 사람들이 가장 중요하게 고민하는 질문은 "내가 어떤 지식이나 경험을 제공할 수 있을까?"입니다. 이 질문은 창업의 성공 여부에 큰 영향을 미치는 매우 중요한 질문입니다. 그래서 이 질문에 대한 답을 찾는 것이 가장 중요합니다.

먼저, 여러분이 해야 할 일은 과거를 되돌아보는 것입니다. 여러분의 과거 경험, 취미, 학습, 지식, 관심사 등을 통해 여러분이 제공할 수 있는 지식이나 경험을 찾아보세요. 이 과정은 여러분이 자기반성을 할 수 있는 시간이 될 것이며, 여러분이 어떤 것을 잘하는지, 어떤 것에 열정을 느끼는지, 어떤 것을 좋아하는지를 찾아낼 수 있을 것입니다.

두 번째로, 주변 사람들을 살펴보세요. 가족, 친구, 동료, 이웃 등에게 여러분이 어떤 것을 잘하는지 물어보세요. 종종 다른 사람들은 여러분이 무슨 일을 잘하는지, 어떤 것에 열정을 느끼는지 여러분보다 더 잘 알고 있을 수 있습니다. 이들의 피드백은 여러분이 자신을 더 잘 이해하는 데 도움이 될 것입니다.

세 번째로, 여러분의 전문성이나 경험을 살펴보세요. 여러분이 일하거나 학습한 분야에서 특별한 지식이나 경험이 있는지 확인해보세요. 이러한 지식이나 경험은 여러분이 제공할 수 있는 유용한 자원이 될 수 있습니다.

네 번째로, 여러분이 가장 관심 있는 주제나 분야를 찾아보세요. 여러분이 가장 열정적으로 공부하거나 탐구하고 싶은 것은 무엇인가요? 이것이 바로 여러분이 지식창업을 통해 제공하고 싶은 지식이나 경험일 수 있습니다.

또한, 여러분이 현재 할 수 있는 것을 고민해보세요. 여러분이 가장 편안하게 느끼는 기술이나 지식은 무엇인가요? 여러분이 현재 가장 잘하는 것은 무엇인가요? 이러한 질문들은 여러분이 지식창업을 시작하는 데 가장 중요한 첫걸음을 도와줄 것입니다.

자신의 가치를 알아내고 활용하기

우리의 삶은 다양한 경험의 연속이며, 이러한 경험들은 우리 개개인의 지식 형성에 중요한 역할을 합니다. 이 지식은 우리가 문제를 해결하고 일을 처리하는 방식, 다른 사람과 소통하는 방법 등에 영향을 미치는데, 우리만의 독특한 가치를 지니고 있습니다.

하지만 종종 우리는 이러한 가치를 인식하지 못하고 지나치게 겸손해지는 경우가 있습니다. 우리는 자주 다른 사람들의 경험과 지식에 경의를 표하고 그것을 배우려고 노력합니다. 그러나 우리가 간과하는 것은 우리 자신인 시니어들이 오랜 세월 동안 쌓아온 매우 소중한 지식을 보유하고 있다는 사실입니다.

이러한 지식은 오랜 시간 동안의 생활과 경험을 통해 얻어진 것으로, 어떤 교과서에도 담겨 있지 않으며 고유한 가치를 가지고 있습니다. 그래서 이는 귀중한 자산이 되며, 이를 활용하여 지식창업을 시작할 수 있습니다.

시니어들이 가진 지식을 창업에 활용하기 위해서는 자신의 가치와 제공하고자 하는 제품의 가치를 정확히 이해하는 것이 중요합니다. 자신이 어떤 분야에서 경험이 풍부한지, 어떤 주제에 대해 가장 자신감 있게 말할 수 있는지를 찾아내는 것이 중요합니다. 그리고 이를 통해 어떤 제품이나 서비스를 제공할 수 있을지를 고민해보는 것입니다.

이 과정에서는 자신의 강점과 약점을 솔직하게 인정하고, 그것을 바탕으로 자신만의 지식창업 아이디어를 도출해보는 것이 중요합니다. 이 아이디어는 시니어의 생활과 경험, 지식이 조화롭게 어우러진 결과물이어야 합니다. 이 아이디어를 바탕으로 창업을 시작하고, 그것을 성공적으로 발전시켜나가는 것이 지식창업의 두 번째 단계입니다.

지식창업을 통해 자신의 가치를 세상에 빛내기

자신의 지식을 찾아내고 활용하는 것은 중요하지만, 그보다 더 중요한 것은 그 지식을 세상과 공유하는 것입니다. 지식창업을 시작하면서 자신이 가진 가치를 다른 사람들과 나누게 되면 그 가치는 더욱 빛을 발하게 됩니다.

시니어들이 가진 지식과 경험은 다른 사람들에게 큰 도움이 될 수 있습니다. 이를 통해 다른 사람들의 삶을 개선하는 데 기여할 수 있고, 이는 지식창업의 주요 목표 중 하나입니다. 이러한 과정을 통해 시니어들은 자신의 가치를 세상에 빛내게 되며, 이는 그들의 삶에 새로운 의미를 부여합니다.

지식창업은 자신의 지식을 팔아서 돈을 벌기 위한 것보다는, 자신이 가진 지식과 경험을 통해 사회에 기여하고, 다른 사람들에게 도움을 주는 것입니다. 이를 통해 얻는 이익은 경제적 가치뿐만 아니라, 새로운 사회적 네트워크를 형성하고, 그 과정에서 새로운 지식을 배우고, 다른 사람들과 지식을 공유하는 것입니다.

단순히 돈을 벌겠다는 생각만으로는 근시안적인 생각만 하게 됩니다. 멀리, 깊이 보려면 내가 가진 지식과 경험이 누구에게 도움이 되겠는가, 이 사회의 어떤 부분에 기여할 수 있겠는가 생각해봐야 합니다. 더 큰 비전과 목표가 우리를 움직이게 하는 동력이 되며, 나의 삶을 가치있게 만듭니다.

지식창업의 무궁무진한 세계,
가능성과 한계를 넘어서!

지식창업의 가능성과 한계

지식창업은 지식과 경험을 활용하여 수익을 창출하고 동시에 다른 사람들에게 가치를 제공하는 새로운 방법을 제시했습니다. 그러나 지식창업에는 단점도 있습니다. 이러한 가능성과 한계를 알아야 하는 이유입니다.

지식창업의 가장 큰 가능성은 확장성입니다. 지식은 한정되지 않은 자원이므로 지식을 가진 사람은 그것을 무한히 공유하고 확장할 수 있습니다. 이는 지식창업을 매력적인 옵션으로 만들며, 많은 사람들이 지식창업을 선택하는 이유 중 하나입니다.

또한 지식창업은 높은 자유도를 제공합니다. 지식창업자는 자신의 일정을 정하고 주제를 선택하고 지식을 제공하는 방법을 결정할 수 있습니다. 이는 많은 사람들에게 매력적인 점입니다. 특히 자신의 일을 직접 제어하고 싶어 하는 사람들에게는요.

그러나 지식창업에는 단점도 있습니다. 첫째, 지식창업은 시간과 노력이 많이 필요합니다. 지식을 생성하고 공유하는 것은 어렵고, 지식창업자는 계속해서 학습하고 성장하기 위해 노력해야 합니다.

지식창업은 경쟁이 치열합니다. 많은 사람들이 지식창업을 시도하고 있으며, 모두 독특하고 가치 있는 정보를 제공하려고 노력하고 있습니다. 이는 지식창업자가 뛰어난 품질의 내용을 제공하고 자신을 다른 사람들과 구분하는 방법을 찾아야 함을 의미합니다.

지식창업은 불안정할 수 있습니다. 지식창업의 수익은 일반적으로 불규칙하며 초기에는 수익을 창출하기 어려울 수 있습니다. 그러나 시간과 노력을 투자하면 지식창업은 결국 안정적인 수익원이 될 수 있습니다.

지식창업은 높은 가능성을 가지고 있지만, 그것을 성공적으로 추구하는 것은 쉽지 않습니다. 따라서 지식창업의 가능성과 한계를 이해하고, 어떻게 그것을 최대한 활용하고 한계를 극복할 수 있는지 그 방법을 찾는 것이 중요합니다.

가능성의 무한도전과 끝없는 탐험

우리는 삶을 살면서 다양한 지식을 얻습니다. 하지만 종종 그 지식의 가치를 인지하지 못하거나 활용하지 못하는 경우가 있습니다. 특히 시니어 시대에는 그들이 가진 풍부한 경험과 지식이 가치 있는 자산이 될 수 있다는 것을 명심해야 합니다. 이런 맥락에서 '1인 지식창업'이라는 개념은 시니어들이 자신의 지식을 사업적으로 활용하는 데 중요한 역할을 합니다.

'1인 지식창업'은 개인이 특정 지식이나 경험을 바탕으로 창업하는 것을 의미합니다. 이는 주로 세 가지 다른 분야의 지식을 융합하는 과정에서 시작됩니다. 첫 번째는 개인의 전문 분야 지식이며, 나머지 두 가지는 그 지식을 상품화하고 판매하거나 전파하는 방법에 대한 지식일 수 있습니다.

'가능성의 무한도전'은 더 많은 시니어들이 자신의 지식을 활용하여 새로운 가치를 창출하고 자신만의 사업을 개발할 수 있는 기회를 제공합니다. 이 도전은 불확실성과 위험을 수반하지만, 동시에 새로운 가능성과 가치를 창출할 수 있는 잠재력도 큽니다. 이는 자신만의 사업을 성공적으로 개발하고 운영함으로써 성취감을 느끼고, 새로운 삶의 목표를 추구할 수 있는 기회를 제공합니다.

'지식창업의 끝없는 탐험'은 시니어들이 자신의 지식과 경험을 기반으로 사업 아이디어를 찾고, 그 아이디어를 실행에 옮기는 과정을 말합니다. 이 과정은 새로운 아이디어를 창출하고, 그것을 상품화하는 데 필요한 지식과 기술을 습득하는 것으로 시작합니다. 그리고 나서 그 상품이나 서비스를 시장에 성공적으로 출시하고, 지속적으로 개선하고 확장해 나가기 위한 능력을 개발해야 합니다.

노년의 지식창업, 가능성과 한계를 동시에 넘어서

우리는 삶 속에서 종종 '불가능'이라는 단어를 마주하게 됩니다. 특히 창업을 위해 새로운 아이디어를 개발하거나 기존의 방식을 벗어나 새로운 방향으로 나아가려 할 때, 많은 사람들은 자신의 한계를 느끼게 됩니다. 그러나 이러한 한계는 지식창업자들에게 도전의 기회가 될 수 있습니다.

'1인 지식창업'은 개인이 특정 지식을 활용하여 창업하는 것을 의미합니다. 이는 그 지식을 상품화하고 판매하거나 전파하는 방법에 대한 지식도 포함합니다. 그러나 새로운 아이디어를 개발하거나 기존의 경로를 벗어나 새로운 영역으로 나아가는 시도는 종종 한계와 장애물을 만나게 됩니다.

이 때 '한계의 돌파'라는 개념이 중요합니다. 이는 불가능해 보이는 한계를 돌파하고 새로운 가능성을 찾아내는 과정을 의미합니다. 이 과정은 두 가지 주요 단계로 이루어집니다. 첫째, 자신의 한계를 인식하고 이해하는 것이며, 둘째, 그 한계를 돌파하기 위한 전략을 개발하고 실행하는 것입니다.

한계를 인식하고 이해하는 것은 쉽지 않습니다. 종종 우리는 자신의 한계를 부정하거나 무시하려는 경향이 있습니다. 그러나 진정한 한계의 돌파는 자신의 한계에 용감하게 직면하고, 그것을 극복하기 위한 전략을 개발하는 것에서 출발합니다. 이를 통해 불가능해 보이는 한계를 도전으로 변화시킬 수 있습니다.

한편, 한계를 돌파하는 전략은 다양합니다. 일부는 기존의 방식을 개선하거나 개조하여 새로운 결과를 얻는 방법을 포함합니다. 다른 전략은 새로운 기술이나 접근법을 도입하거나, 기존의 경로를 완전히 벗어나 새로운 방향으로 나아가는 것을 포함할 수 있습니다.

기업가 정신의 영역에서는 나이가 종종 방해 요인으로 잘못 인식되는 경향이 있습니다. 하지만 다년간의 경험과 전문성을 갖춘 시니어 지식창업가들은 현재의 지식 경제에서 뚜렷한 우위를 점하고 있습니다.

'시니어 1인 지식창업가'라는 용어는 일반적으로 오랜 직업 경력을 통해 습득한 깊은 전문 지식과 경험을 가진 개인을 의미합니다. 이들은 주로 노년기에 축적된 지식, 기술, 네트워크를 활용하여 창업을 시도하는 경우가 많습니다.

기업가 정신은 젊은이들의 영역으로 오해되는 경향이 있습니다. 그러나 지식 경제에서는 나이와 경험이 가져다주는 이점을 무시해서는 안 됩니다. 지식을 기반으로 한 창업에서는 시니어 기업가들이 깨닫고 있듯이, 노련한 판단력과 네트워크, 심도 있는 업계 지식이 큰 장점으로 작용합니다.

오늘날 스타트업의 성공은 혁신, 적응, 실행 능력에 달려 있습니다. 이러한 변화는 시니어 기업가들에게 유리하게 작용하며, 그들은 지식 경제에서 뛰어난 역할을 수행할 수 있습니다.

2018년 하버드 비즈니스 리뷰에 게재된 MIT의 피에르 아줄레와 동료들의 연구에 따르면 성공한 기업가의 평균 연령은 45세 정도입니다. 이 연구 결과는 지나치게 열정적인 젊은 기업가의 신화를 반박하고 기업가 성공에 있어 경험이 얼마나 중요한지를 강조합니다. 경험은 지식 경제에서 귀중한 재화이며, 시니어 창업가들은 이를 활용하여 불가능해 보이는 도전을 달성 가능한 목표로 전환합니다.

기업가 정신과 관련하여 '불가능'에 대한 인식은 종종 재정적, 물류적, 심리적인 장벽의 존재 때문에 발생합니다. 그러나 시니어 창업가들은 이러한 장벽을 극복할 수 있다는 것을 알아야 합니다. 수년간 전문 분야를 탐색하며 쌓은 경험을 통해 이들은 장벽을 디딤돌로 바꿀 수 있는 인내심과 회복력을 가지고 있습니다.

나이가 들어감에 따라 인지 능력은 더욱 날카로워지고, 젊은이들보다 더 깊은 지혜와 통찰력을 얻을 수 있습니다. 이러한 맥락을 노년층의 지식창업에 적용하면, 노년층은 결코 쓸모없는 존재가 아니라 지혜와 경험의 보고이며, 고유한 가치 제안을 할 수 있음을 알 수 있습니다. 이러한 노령 지식창업가들은 인식된 한계를 넘어서 미지의 영역을 개척하기 위한 역량을 갖추고 있습니다.

그러나 나이가 들면서 지혜와 경험이 늘어나는 반면에 생리적인 제약과 사회적인 편견과 같은 한계를 극복해야 할 수도 있습니다. 시니어 지식창업가들은 무한한 가능성에 대한 탐구와 인지된 한계에 대한 도전이라는 역설을 동시에 담고 있습니다. 다시 말해, 나이가 들어도 여전히 새로운 것을 탐구하고 성장할 수 있는 잠재력을 가지고 있다는 것입니다.

한계와 가능성의 역설을 진정으로 초월하려면 시니어 지식창업가들은 두 가지 사이에서 균형을 잡아야 합니다. 한계를 인정하는 것은 패배를 받아들이는 것이 아니라 변화를 이끌어내기 위한 전제 조건입니다. 제약을 인정하는 것을 통해 제약을 완화하는 전략을 찾아내어 잠재적인 약점을 강점으로 바꿀 수 있습니다. 때로는 결핍을 조정하고 메꾸어 가는 과정이 나만의 노하우가 될 수도 있는 것입니다.

동시에 강점을 활용하여 가능성을 극대화하기 위해 적극적으로 노력해야 합니다. 풍부한 경험, 심도 있는 업계 지식, 탄탄한 네트워크, 회복탄력성을 모두 활용하여 성공적인 지식 기반 비즈니스를 구축할 수 있습니다.

사회가 계속해서 지식 경제로 진화함에 따라 고령 지식창업가들의 소중한 기여를 인정하고 육성하는 것이 중요합니다. 이를 통해 지혜와 경험이 혁신과 파괴만큼이나 존중받는 기업 환경을 조성하고, 지식창업가의 잠재력을 진정으로 활용할 수 있습니다.

실제 1인 지식창업의 분야에는 시니어들이 대거 참여해 일을 하고 있습니다. 시작하시는 분들도 많습니다. 코로나를 겪으면서 비대면 zoom 교육이 온라인에서 활성화되었습니다. 자신이 무엇을 잘할 수 있는지 지식창업을 하기 위한 콘텐츠를 찾기 위해 배움에 열중인 시니어분들을 zoom 교육 현장에서 많이 보았습니다.

자신이 현재 가진 역량에 초점을 맞추면 자신의 가능성 찾기가 수월해집니다. 그런데 초보자는 자신이 가지고 있는 것을 들여다볼 줄 모르는 경우가 많습니다. 여러 강의를 들으며 돌고 돌아 원점으로 와서야 비로소 자신의 기존 능력에 눈을 뜹니다. 저도 꽤 많은 시간을 배움의 방황에 허비했습니다. 물론, 그 시간도 결코 헛된 것은 아닙니다. 그 시간이 있었기에 저를 인정하는 법을 배웠을 수도 있어요. 자신을 인정하고 여러분의 강점에 초점을 맞추세요.

– 1인기업CEO과정120기 수료식

– 빛나는 성실성으로 장학증서 받음

1-4

지식창업가로의 전환,
성공을 위한 마인드셋 완성!

태도가 당신을 만든다: 지식창업가의 성공 철학

"시니어 지식창업자를 위한 마인드셋"은 자신의 경험과 지식을 두 번째 경력으로 삼으려는 모든 시니어에게 꼭 필요한 가이드입니다. 여기서 중요한 것은, 나이가 든다는 것이 성장의 끝이 아니라 새로운 시작의 기회라는 생각입니다.

당신이 성공적인 지식창업가가 되려면, 여러 가지 중요한 특성들을 갖추어야 합니다.

먼저, 용기와 실행력이 필요합니다. 용기는 자신의 아이디어를 두려워하지 않고 표현하는 데 필요하며, 실행력은 그 아이디어를 실제로 구현하는 데 필요합니다. 아무리 좋은 아이디어라도 그것을 실행에 옮기지 않으면, 그저 머릿속에 머무르는 생각에 불과합니다. 실질적인 결과를 얻기 위해서는 용기를 가지고 실천에 옮기는 것이 중요합니다.

두번째로, 변화 수용력과 유연성이 있어야 합니다. 세상은 계속 변하고 있기 때문에, 지식창업가도 그 변화에 적응하고 새로운 상황에 맞게 조정할 수 있어야 합니다. 변화를 두려워하지 말고, 변화를 새로운 기회로 받아들이는 것이 중요합니다.

또한, 진정한 헌신도 필수입니다. 임시적인 열정이 아니라, 목표를 달성하기 위해 필요한 시간과 노력을 투자할 준비가 되어 있어야 합니다. 이것은 단기적인 성공보다는 장기적인 성공을 목표로 하며, 그 과정에서 발생하는 어려움을 견디고 극복할 수 있는 강력한 의지를 의미합니다.

성공적인 지식창업가는 이보다 더 많은 것을 추구합니다. 그들은 평생학습자이며, 지식이 고정되어 있지 않다는 사실을 인지하고 있습니다. 따라서 그들은 항상 새로운 지식을 배우려고 노력하며, 그 지식을 기반으로 자신의 사업을 더욱 발전시키려고 합니다.

불확실성을 감수하는 능력도 중요합니다. 창업은 불확실한 요소들이 많은 활동이기 때문에, 그 불확실성을 받아들이고 역경을 극복하며 성장의 기회로 바꿀 수 있는 능력이 필요합니다.

지식창업가의 성공은 고립되어서 이루어지지 않습니다. 그들은 다양한 관계를 통해 필요한 자본, 자원, 지식 등을 확보합니다. 이러한 관계 구축 능력은 지식창업가의 성공을 위해 필수적인 역량 중 하나입니다.

끈기와 결단력을 가지는 것 또한 중요합니다. 실패는 성공으로 가는 길목에서의 장애물일 뿐입니다. 지식창업가는 실패를 두려워하지 않고, 그것을 통해 배우고 성장하는 기회로 삼습니다.

긍정적인 태도는 성공을 이끄는 또 다른 중요한 요소입니다. 긍정적인 태도는 어려움을 기회로, 실패를 배움의 기회로 바라볼 수 있는 능력을 가지게 합니다.

또한, 비전 있는 리더십이 필요합니다. 지식창업가는 자신이 선택한 분야에서 변화를 만들고, 새로운 가치를 창출하는 비전을 가지고 있어야 합니다. 그들은 자신의 팀을 이끌고, 팀원들이 그 비전을 공유하도록 돕습니다.

이런 특성들은 지식창업가로서 성공하기 위한 핵심적인 요소입니다. 이러한 특성들을 갖춘 사람은 아무리 나이가 들어도 새로운 가치를 창출하고, 자신의 삶에 의미를 부여하며, 사회에 긍정적인 영향을 미칠 수 있습니다. 이러한 마인드셋을 가지고 지식창업의 과정을 즐기고, 성공적인 두 번째 경력을 이루어 나가시길 바랍니다.

시니어 지식창업가의 DNA: 내면의 마법

시니어 창업가들의 지혜, 탄력성, 경험, 관계를 통한 창업가적 DNA는 그들의 강점을 가장 잘 보여주는 요소입니다. 이들은 기업가로서 성공하기 위해 필요한 다양한 능력을 보유하고 있습니다.

지혜는 많은 시니어 창업가들이 가진 놀라운 자산입니다. 이는 그들이 오랜 세월 동안 축적해온 지식과 통찰력을 통해 복잡한 문제를 해결하고 효과적인 결정을 내릴 수 있는 능력을 의미합니다. 지혜는 단순히 정보를 알고 있는 것 이상의 의미를 가지며, 그 정보를 어떻게 활용할지, 그리고 그 정보를 통해 어떤 통찰력을 얻을 수 있는지에 대한 깊은 이해를 포함합니다. 이런 지혜는 새로운 아이디어를 도출하고, 미처 보지 못했던 기회를 발견하는 데 중요한 역할을 하며, 이를 통해 성공적인 기업 전략을 수립하는 데 결정적인 영향을 미칩니다.

나음으로, 탄력성은 시니어 창업가들이 변화와 도전에 빠르게 적응하고, 실패에서 빠르게 회복하고 다시 일어서는 능력을 나타냅니다. 이런 탄력성은 불확실한 상황에서도 창의적이고 효과적인 해결책을 찾아내는 데 큰 도움이 됩니다. 시니어 창업가들은 그들의 탄력성을 통해 실패를 두려워하지 않고, 그 실패를 학습의 기회로 활용하며, 그 경험을 바탕으로 더 강해지고 더 나은 방향으로 나아갈 수 있습니다.

경험은 시니어 창업가들이 그동안 쌓아온 직업적이고 개인적인 경험을 통해 얻은 실질적인 지식과 기술을 의미합니다. 이들이 가지고 있는 이 경험은 이론적인 지식이 아니라 실제로 발생하는 문제를 해결하고, 실제 시장에서의 성공적인 전략을 수립하는 데 굉장히 중요합니다. 이는 그들이 과거에 겪었던 상황들로부터 배운 교훈을 통해, 현재의 문제를 더 효과적으로 해결할 수 있게 만들어줍니다.

관계는 시니어 창업가들이 그들의 커리어를 통해 구축한 네트워크를 의미합니다. 이 네트워크는 필요한 리소스를 확보하고, 최신 정보를 얻고, 필요한 지원을 받는 데 큰 도움이 됩니다. 이는 종종 기업의 성공에 결정적인 요소가 될 수 있습니다. 좋은 네트워크는 신뢰할 수 있는 파트너를 찾거나, 새로운 기회를 발견하거나, 심지어는 위기를 극복하는 데도 중요한 역할을 할 수 있습니다.

이런 네 가지 특성이 결합되어 시니어 창업가들이 가지는 독특하고 강력한 장점을 형성합니다. 그들은 이런 특성들을 통해 기업을 성공적으로 성장시키고, 새로운 가치를 창출하며, 사회에 긍정적인 영향을 끼칠 수 있습니다. 이는 단지 그들이 오랜 세월 동안 축적한 지혜와 경험, 탄력성, 그리고 관계를 통해 가능한 일입니다.

따라서 시니어 창업가들은 이들 네 가지 요소를 활용하여 자신만의 독특한 창업가 DNA를 만들어냅니다. 이들의 성공은 이들의 지혜, 탄력성, 경험, 그리고 관계의 힘을 잘 활용하는 것에 달려 있습니다.

성공의 기본, 준비의 모든 것

성공을 위해 가장 중요한 것은 바로 준비입니다. 준비란 이루고자 하는 것에 필요한 지식을 얻고, 필요한 기술을 끌어올리는 과정입니다. 준비는 우리가 목표를 설정하고, 그것을 이루기 위한 계획을 세우며, 도전과 어려움에 대처할 수 있는 강한 마음을 기르는 과정이기도 합니다.

준비의 첫 단계는 지식 습득입니다. 우리가 하고자 하는 일을 이해하고, 그 일을 더 잘하기 위해 필요한 모든 정보를 찾아내는 것이죠. 이 과정에서 우리는 미래의 도전과 기회에 대해 배우게 됩니다.

다음 단계는 기술 개발입니다. 이는 우리가 성공하기 위해 필요한 기술을 학습하고 연마하는 과정입니다. 그리고 준비의 일환으로 명확한 목표를 설정합니다. 목표는 우리가 어디를 향하고 있는지를 보여주며, 성공에 대한 기준을 제시합니다.

계획을 세우는 것 역시 준비의 중요한 부분입니다. 좋은 계획은 우리가 어떻게 목표를 달성할 것인지를 보여줍니다. 계획을 세울 때는 큰 목표를 작은 단계로 나누는 것이 중요합니다. 이렇게 하면 목표를 더 쉽게 이해하고, 집중력을 유지할 수 있습니다. 준비에는 긍정적인 사고방식이 필요합니다. 이는 도전이나 어려움에 직면했을 때도 포기하지 않고, 실패를 배우는 기회로 삼는 마음가짐입니다.

이제, 이런 준비 과정을 지식창업에 적용해봅시다. 지식창업가가 되려면, 먼저 자신의 전문분야를 선택하고, 그 분야에 대한 지식과 기술을 개발해야 합니다. 이 과정에서 제공할 수 있는 가치를 높이고, 독특하게 만들어야 합니다. 다음으로, 시장을 분석합니다. 여기서는 자신의 정보나 서비스에 대한 수요를 알아보고, 경쟁자들이 누구인지, 어떻게 자신만의 독특한 가치를 제공할 것인지를 생각해봐야 합니다.

비즈니스 모델을 개발하는 것도 중요합니다. 이는 어떻게 돈을 벌 것인지, 어떻게 가격을 정할 것인지, 어떻게 필요한 자원을 확보할 것인지를 정하는 과정입니다.

또한 준비 과정의 일부로, 필요한 도구와 기술을 갖춰야 합니다. 예를 들어, 어떤 소프트웨어를 사용할 것인지, 어떻게 콘텐츠를 만들고 배포할 것인지, 어떻게 성과를 측정하고 개선할 것인지를 결정해야 합니다. 그리고 독자와 고객과의 관계를 구축하는 계획을 세워야 합니다. 자신의 브랜드를 어떻게 만들 것인지, 어떻게 목표 고객에게 메시지를 전달할 것인지를 결정해야 합니다.

이런 준비 과정을 거치면 지식창업의 성공 가능성을 높일 수 있습니다. 하지만 준비만이 모든 것을 해결해주는 것은 아닙니다. 계속해서 배우고 성장하며 변화하는 시장과 고객의 요구에 대응해야 합니다. 그 과정에서 지식과 경험을 공유하며 자신도 함께 성장하고 발전하는 것이 가장 큰 보람이 될 것입니다.

아브라함 링컨은 "만약 나에게 6시간 동안 나무를 베라고 한다면, 나는 도끼를 갈기 위해 4시간을 쓸 것이다."라고 했습니다. 지식창업을 시작하기 전에 준비하는 시간은 건물의 기초를 세우는 시간과 같습니다. 이 시기를 현명하게 보내야 합니다. 아이돌들이 충분하게 기량을 닦은 후

무대에 모습을 드리내듯이 철서한 준비와 계획을 세워 지식창업을 해야 합니다. 하지만 요즘의 비즈니스 시장은 변화 속도가 빠릅니다. 그러기에 준비성은 종종 빠른 실행력과 대비되기도 합니다. 그러나 두 개념은 서로 양극단에 있지 않습니다. 빠른 실행력 안에 준비가 포함되어야 합니다. 효율적인 계획을 세우면 그렇게 할 수 있습니다.

준비가 부족한 상태에서 덜컥 시작하면 안 됩니다. 준비성은 자신감을 심어주어 개인이 앞으로의 노력을 더욱 효과적으로 준비하도록 동기를 부여합니다. 반대로 실패와 좌절은 준비 전략을 개선하기 위한 귀중한 인사이트를 제공하여 지속적인 학습과 개선을 촉진하는 피드백 루프를 만듭니다.

즉, 준비는 성공의 핵심입니다. 준비는 개인이 지식을 습득하고, 기술을 연마하고, 목표를 설정하고, 전략을 고안하고, 긍정적인 사고방식을 함양하는 과정입니다. 도전을 극복하고 기회를 포착하며 지속적인 개선을 촉진하는 데 있어 준비의 역할을 인정함으로써 우리는 성공을 결과가 아닌 과정으로 재정의할 수 있습니다.

"기회는 준비가 만난 행운이다." – 로만 시인 오비디우스의 말입니다. 이 명언은 성공이 단지 운이나 행운에 달려 있지 않고, 개인이 얼마나 잘 준비했는지에 크게 좌우된다는 것을 말해주고 있습니다.

"실패는 준비되지 않은 마음에게만 일어난다." – 파울로 코엘료의 말입니다. 이것은 성공을 위한 준비의 중요성을 강조하는 명언입니다.

1-5

지식창업의 필수 조건,
법과 규정을 내 편으로!

법과 규정, 지식창업의 보호막

　지식창업을 시작하는 순간은 뜨거운 열정과 창의적인 아이디어로 출발합니다. 하지만 그 모든 것을 실제로 사업으로 구현하려면 여러 가지 법적 고려사항들이 함께 따라옵니다. 이러한 사항들은 사업을 합법적으로 진행하는 데 필수적인 요소이므로 꼭 알아두어야 합니다.

　먼저, 지식창업을 시작하려면 사업체를 공식적으로 등록해야 합니다. 이 절차를 통해 사업의 형태를 결정하게 되는데, 개인사업자로 할지, 법인으로 할지 등의 선택지가 있습니다. 사업 형태마다 세금 처리 방식, 책임의 범위 등이 달라질 수 있기 때문에 주의깊게 살펴보고 결정해야 합니다.

또한, 지식창업은 창업자의 지식과 경험이 핵심 자산이기 때문에 이를 보호하는 것이 중요합니다. 이를 위해 지적재산권(IP)법이 필요하며, 이는 발명이나 창작물에 대한 독점적 권리를 부여하여 그를 보호하고 상업적 활용을 가능하게 합니다. 특허, 상표, 저작권 등 다양한 형태의 지적재산권이 있지만, 지식창업에서 가장 중요한 것은 특허입니다. 특허를 통해 창업자는 자신의 아이디어를 경쟁업체로부터 보호받을 수 있습니다. 하지만, 지적재산권 관련 법률은 복잡하기 때문에 세부적인 내용을 이해하는 데는 전문가의 도움이 필요할 수 있습니다.

세금에 대한 이해도 필요합니다. 세법은 복잡하고 지역마다 다르기 때문에 어떤 세금을 어떻게 내야 하는지 이해하고 관리해야 합니다. 이를 위해 세무사의 도움을 받는 것도 좋은 선택이며, 세무사는 창업자가 세금과 관련된 문제에 직면했을 때 도움을 줄 수 있습니다.

고용법에 대한 이해도 중요합니다. 직원을 고용하면서 법률에 따른 책임을 지지 않으면 법적 문제를 일으킬 수 있습니다. 안전한 근무 환경 제공, 차별 없는 관행, 공평한 임금 지급 등을 지키는 것이 필요하며, 근로 계약서를 작성할 때는 노동법의 요구사항을 충족시키는 내용을 포함해야 합니다.

사업을 진행하면서 다양한 계약을 체결하게 될 것입니다. 계약서는 그 계약의 내용과 조건, 책임 등을 명확하게 규정하므로 양 당사자 모두가 계약 내용을 명확하게 이해하고 이를 준수하도록 해야 합니다.

또한, 고객의 개인 정보를 적절하게 보호하는 것이 중요합니다. 고객의 개인정보를 무단으로 공개하거나 부적절하게 사용하면 법적 책임을 지게 됩니다. 따라서 개인정보보호 정책을 마련하고 이를 철저히 준수해야 합니다.

요약하자면, 지식창업을 성공적으로 이끌어가기 위해서는 사업체 등록, 지적재산권 보호, 세법, 고용법, 계약법 등을 알아야 합니다. 지식창업을 시작하려면 활기찬 상상력과 창의적인 아이디어만으로는 충분하지 않습니다. 물론, 그것들은 중요한 시작점이지만, 사업을 실제로 시작하려면 다양한 법적 고려사항들이 필요합니다.

법률 및 규제 환경을 탐색하는 것은 창업할 때 매우 중요한 부분입니다. 시니어 지식창업가들은 풍부한 전문 지식과 관련 법률 및 규정에 대한 탄탄한 이해를 준비해야 합니다. 법률과 결합된 지식은 실버 세대의 성공적인 창업의 길을 개척하는 양날의 검과 같은 역할을 합니다.

법률, 당신의 지식창업 파트너로

활기찬 지식창업가의 세계에서 파트너십은 종종 혁신, 효율성 및 시장 진출의 촉매제 역할을 합니다. 하지만 이러한 파트너십에 법적 영향이 없는 것은 아닙니다. 지식창업가 파트너십을 둘러싼 법률과 규정은 파트너십의 형성, 운영, 해산에 영향을 미쳐 파트너십의 성공과 영향력을 결정할 수 있습니다. 예리한 통찰력과 선견지명으로 법의 복잡성을 관리해야 합니다.

파트너는 합자회사, 유한책임회사 등 다양한 사업 구조 중에서 선택할 수 있으며, 각 구조마다 고유한 법적 의미가 있습니다. 파트너 간의 권리, 책임 및 이익 공유 비율을 명시하는 필수 법적 문서인 파트너십 계약의 성격도 중요합니다. 파트너십 계약서를 자세히 작성하면 향후 분쟁을 예방할 수 있습니다.

지식창업가 정신 파트너십에는 지적 재산권(IP) 법률이 필수적입니다. 둘 이상의 당사자가 협업할 때는 생성된 지식이나 혁신에 대한 지식재산권의 소유권을 명확히 하는 것이 중요합니다. 이는 복잡한 과정이 될 수 있으며, 종종 법률적 전문 지식이 필요합니다. 각 당사자는 지적 재산의 성격에 따라 지적 재산권을 공동 소유할지, 한 당사자에게 할당할지, 아니면 분할할지 결정해야 합니다. 이 부분을 소홀히 하면 비용이 많이 드는 법적 분쟁으로 이어져 파트너십이 손상되고 창업 여정이 지연될 수 있습니다.

계약법은 지식 기업의 파트너들이 '무엇에 동의했는지'를 명확히 하는 역할을 합니다. 그리고 만약에 계약을 어긴다면 법적인 문제로 이어질 수 있기 때문에, 계약서를 잘 이해하고 따르는 것이 매우 중요합니다. 계약 위반은 법적 처벌로 이어질 수 있으며 잠재적으로 파트너십을 위험에 빠뜨릴 수 있습니다. 따라서 계약서의 모든 조항을 면밀히 검토하고 이해해야 합니다.

특히 파트너십에 직원 고용이 포함되는 경우 노동법의 역할도 중요합니다. 파트너는 고용주로서의 법적 의무를 이해해야 합니다. 여기에는 임금, 근무 시간, 직원 복리후생 및 차별에 관한 규정이 포함됩니다. 노동법을 준수하지 않으면 법적 조치를 당할 수 있으며 파트너십의 평판이 손상될 수 있습니다.

지식 기업가 파트너십의 구성과 운영이 법의 영향을 받는 것처럼 파트너십의 해산도 법의 영향을 받습니다. 파트너십의 종료는 파트너의 은퇴, 파산, 사망 등 다양한 요인에 의해 촉발될 수 있습니다. 일반적으로 파트너십 계약에는 자산과 부채의 분배를 포함한 해산 절차가 명시되어 있습니다. 그러나 계약서에 해산에 대한 내용이 없거나 분쟁이 발생하는 경우 파트너는 법률을 통해 해결해야 할 수도 있습니다.

법은 지식 기업 파트너십을 형성하는 데 중추적인 역할을 합니다. 파트너십의 형성부터 운영, 해산에 이르기까지 모든 단계가 법률적 고려사항과 얽혀 있습니다. 따라서 파트너는 자신의 지식과 전문성뿐만 아니라 법적 환경에 대한 예리한 이해도 가져야 합니다. 에드워드 코크 경이 적절하게 지적했듯이 "법에 대한 지식은 깊은 우물과 같아서 각자가 이해하는 힘에 따라 물을 길어 올릴 수 있다."라고 했습니다. 이것은 법률에 대한 이해도가 개인의 노력과 통찰력에 따라 다르다는 사실을 잘 보여주는 비유입니다. 궁극적으로 성공적인 지식 기업가 파트너십은 지식, 기업가 정신, 법률의 시너지 효과에 달려 있습니다.

법과 고독한 지식창업가: 성공을 위한 필수 요소

지식창업에서의 파트너십은 혁신과 시장 진출을 돕는 역할을 합니다.

하지만 이러한 파트너십은 법적인 요소에 크게 영향을 받습니다. 파트너십을 설립하고 운영하고 해산하는 과정에서 법적 고려사항들이 큰 역할을 합니다. 이런 법적 요소들을 잘 관리하고 이해하는 것은 중요합니다.

먼저, 파트너십을 만들 때는 어떤 형태의 사업체를 결정해야 합니다. 이 결정은 파트너들 간의 권리, 책임, 이익 분배 등에 영향을 미칩니다. 파트너십 계약서는 이런 내용들을 명확히 정해주는 중요한 문서입니다.

또한, 지식창업에서는 지적 재산권이 매우 중요합니다. 파트너들이 함께 만들어낸 아이디어나 지식에 대한 지적 재산권의 분배를 명확히 해야 합니다. 이 과정은 복잡할 수 있고, 법적인 전문 지식이 필요할 수 있습니다.

계약법도 중요한 법적 요소입니다. 계약은 파트너들 간의 합의를 기록하며, 이를 어기면 법적인 처벌을 받을 수 있습니다. 따라서, 계약서를 잘 이해하고 관리하는 것이 필요합니다.

파트너십이 직원을 고용할 경우, 노동법을 이해하는 것도 중요합니다. 임금, 근무 시간, 복리후생 등에 대한 법적인 의무를 알아야 합니다.

파트너십을 해산할 때도 법적 요소가 중요합니다. 파트너십의 종료는 다양한 이유로 발생할 수 있으며, 이 경우 자산과 부채의 분배 등에 대해 미리 약정된 계약이나 법률을 따르게 됩니다.

지식창업에서의 파트너십은 법적인 요소를 잘 이해하고 관리해야 합니다. 법은 지식과 창업자의 기업가 정신, 그리고 파트너십의 성공 사이에서 중요한 연결고리를 만들어줍니다.

1인 지식창업가의 길은 흥미진진하고 도전적인 과정입니다. 기업가 정신과 법의 상호 작용을 이해하는 것은 벤처의 성공과 수명을 보장하는 데 매우 중요합니다. 토머스 제퍼슨이 현명하게 말했듯이 "법에 대한 무지는 어느 나라에서나 변명의 여지가 없다."라고 했습니다. 따라서 모든 지식창업가는 자신의 벤처와 관련된 법률을 이해하여 혁신의 요새를 난공불락의 성공 요새로 바꿔야 합니다.

자기반성: 과거 경험, 지식, 취미, 학습 등을 되돌아보고 이를 바탕으로 제공할 수 있는 지식이나 경험을 찾아내는 것이 중요합니다.

자신의 가치 인식: 자신이 가진 고유한 지식과 경험의 가치를 인식하고 이를 기반으로 자신만의 지식창업 아이디어를 구상하는 것이 중요합니다.

학습의 중요성 인식: 새로운 지식을 배우고 기존의 지식을 확장하는 것이 중요하며, 이는 삶의 질 향상과 지식창업의 성공에 중요합니다.

네트워크 활용: 평생 동안 쌓아온 전문적 인맥을 활용하여 사업에 필요한 자원과 지식에 접근해보세요.

자신의 전문성 정의 및 개발: 가장 능숙하고 열정적인 분야를 찾아내어 그 영역의 지식과 기술을 계속 개발하세요.

시장 연구: 자신이 제공하려는 정보나 서비스에 대한 수요를 파악하고, 경쟁자를 분석하며 차별화 전략을 수립하세요.

비즈니스 모델 개발: 수익 창출 방안, 가격 책정, 필요한 자원과 파트너를 확보하는 전략을 세우세요.

사업체 등록: 지식창업을 시작하기 전에 사업체를 공식적으로 등록하고 사업의 형태를 결정하세요.

지적재산권 보호: 창업자의 지식과 아이디어는 소중한 자산이므로, 이를 보호하는 것이 중요합니다. 특허, 상표, 저작권 등의 다양한 지적재산권을 활용하여 아이디어와 제품을 보호하세요.

회복탄력성과 전략적 사고: 실패에 대한 회복탄력성과 전략적 사고 능력을 갖추는 것이 중요합니다. 축적된 지혜를 통해 잠재적인 문제를 예측하고 효과적인 전략을 수립하세요.

제일 먼저 "나" 자신에 대해 알아보기를 한다.

	'나'에 대해 질문 리스트 만들어 보기	
1	내가 가장 잘하는 것은?	
2	내가 가장 좋아하는 일은?	
3	내가 가장 감명 깊게 본 책은?	
4	내가 가장 존경하는 인물은?	
5	내가 현재까지 해 온 일은?	
6	나는 어떤 일을 하면서 가장 행복하게 느끼는가?	
7	나는 어떤 종류의 문제를 해결하는 데 능숙한가?	
8	나의 친구들, 가족, 동료들은 나의 장점이 무엇이라고 생각하는가?	
9	나는 어떤 일을 잘하지 못한다고 느끼는가?	
10	나는 어떤 활동을 하면서 가장 불편하게 느껴지는가?	
11	나의 최고의 리더십 스타일은 무엇인가?	
12	나의 가치관은 무엇인가?	
13	10년 후에 나는 어떤 삶을 살고 있고 싶은가?	
14	나는 어떤 분야에 대해 더 많이 배우고 싶은가?	
15	나는 어떤 갈등 상황을 가장 잘 처리하는가?	
16	나의 가장 큰 성취는 무엇이며, 왜 그것을 가장 큰 성취라고 느끼는가?	

전 지방에 있는 국립대학 사범대학 불어교육과를 졸업했습니다. 고향의 선배님이 제가 다니는 대학 앞에서 레스토랑을 오픈했습니다. 그때는 알바생이 흔치 않은 시절이었는데, 주구장창 찾아다니며 사장 오라버님을 들볶어서 알바생이 되었습니다. 저는 대학생활 내내 알바생활을 병행하였습니다. 사장님이 세 번 바뀔 동안 일하며 그곳의 터줏대감이 되었습니다. 그리고 대학졸업을 앞두고는 그곳의 월급사장이 되었습니다.

남친이었던 바깥사람은 새벽까지 일하는 내 옆에서 보디가드를 하다가 결국은 남편이 되었습니다. 대학에 남기를 바랐던 지도교수님이 가게까지 오셔서 붙잡았지만 남편은 저를 돕는 일을 택했습니다. 그래서 전 남편에게 빚진 마음을 가지고 있습니다. 우리는 그 가게를 인수하여 젊은 시절 기반을 다질 수 있었습니다. 기쁨도 잠시 어려움도 그 가게로 인해 겪게 됩니다. 그만 접어야 할 타이밍을 놓쳐서 붙잡고 있다가 그리된 것입니다.

그 후, 가정에 들어앉아 세 아이 뒷바라지를 하다가 40대 초반에 교육대에 편입하여 뒤늦은 공부를 했습니다. 그제야 공부에 철이 난 사람처럼 열심히 했고, 초등학교 교사가 되었습니다. 15년의 세월이 흘렀습니다. 저는 안전지대라는 새장에 갇힌 새 마냥 날개를 접고 그 작은 공간에 만족하며 살고 있었습니다. 새장이 내게 보이는 세상의 전부였습니다. 저는 안온했고 평화로웠습니다.

경각심을 주기 위해서였을까요? 제가 하는 교사 일에서 엄청난 펀치를 먹게 됩니다. 그것은 추후 이야기해 드릴 생각입니다. 교권이 땅바닥에 내동댕이 쳐질 정도로 추락한 교사 일에 실망한 저는 제 안전지대를 돌아보게 되었습니다. 이제는 더 이상 안전지대가 아니었습니다. 낙하산이라도 붙잡고 탈출하고 싶을 정도의 절박감이 있었습니다. 방황의 시간에 1인 지식창업을 만났습니다.

이제 내일모레 60세인 제가 또 도전을 하고 있습니다. 전혀 안 가본 길을 가며 아직 헤매는 중입니다. 그래도 이 열정이 요즘의 저를 지탱해주는 매직입니다. 이 책의 첫 번째 독자는 사실 제 자신입니다. 저에게 이야기하고 저를 가르치는 내용입니다. 저와 같은 초보자가 나처럼 헤맬 걸 생각하니 마음이 편치 않았습니다. 그 사람들의 손을 붙잡아 주고 싶었습니다. 이처럼 단순한 동기가 책을 쓰는 출발이 되었습니다.

1인 지식창업을 하는 분들이 쉽게 시작할 수 있는 것은 카카오톡 오픈채팅방이 훌륭한 커뮤니티 역할을 해주기 때문입니다. 저 또한 관련 강의를 들으며 엉겁결에 오픈채팅방을 열고 운영자가 되었습니다. 준비가 부족한 상태에서 방만 열어 놓고 제자리만 빙빙 돈 시간이 있었습니다. 멘토님이나 선배님들은 쉽게 말을 하지만 그 말들은 빨리 제 것이 되지 않았습니다. 지금 시대에는 오직 빠른 실행만이 답이라며 채근하는 분도 계시지만 모든 일은 준비를 통해 숙성의 시간을 거쳐야만 하는 것 같습니다.

급하게 먹는 밥은 체할 수 있습니다. 빨리 가려고 들어선 좁은 지름길에서 오히려 앞으로도 뒤로도 못 가고 막힐 수 있습니다. 정직한 걸음이 바른 속도가 아닐까 생각해 봅니다.

2장

시니어 1인 **지식창업가**의 길

2-1

지식창업가의 시작과 목표 설정

시니어 창업가가 지식창업을 위한 첫 걸음을 내딛는 것은 사실상 매우 특별한 경험입니다. 그들의 풍부한 경험과 지혜는 신선한 아이디어와 혁신적인 접근법을 만들어냅니다. 이 아이디어는 특정한 문제를 해결하거나, 사용자의 생활을 개선하거나, 새로운 시장을 창출하는 데 사용될 수 있습니다. 하지만, 그것만으로는 충분하지 않습니다. 이 아이디어는 비즈니스의 토대가 되며, 효과적인 비즈니스 모델로 전환되어야 합니다. 이를 위해 시니어 창업가는 그들의 아이디어를 구체적이고 실행 가능한 계획으로 변환해야 합니다.

계획 단계에서는 아이디어를 어떻게 현실화할 것인지, 필요한 자원과 시간은 얼마나 될 것인지, 어떤 위험요인이 있는지 등을 분석하고 평가해야 합니다. 아울러 계획은 일련의 목표와 단계를 정의하며, 그것들을 어떻게 달성할 것인지에 대한 전략을 마련해야 합니다. 또한, 계획은 일정한 시점에서 검토하고 수정하는 반복적인 프로세스이어야 합니다. 이를 통해 계획은 지속적으로 최적화되고, 변화하는 환경에 적응할 수 있습니다.

이러한 아이디어와 계획은 실행 없이는 아무런 의미가 없습니다. 시니어 창업가는 그들의 계획을 실질적인 행동으로 변환해야 합니다. 이는 리더십과 팀워크, 시간 관리, 자원 관리 등 다양한 기술을 필요로 합니다. 또한, 실행은 단순히 계획을 따르는 것뿐만 아니라, 계획을 효과적으로 조정하고 개선하는 과정이기도 합니다. 따라서 실행 과정에서는 역량, 피드백, 학습이 중요한 역할을 합니다.

창업은 복잡하고 어려운 과정이며, 끊임없이 배우고 적응해야 합니다. 시니어 창업가는 그들의 지식과 경험을 활용하여 새로운 기술, 전략, 트렌드를 학습하고, 이를 그들의 비즈니스에 적용해야 합니다. 이러한 지속적인 학습과 적응은 시니어 창업가가 변화하는 시장 환경에서 생존하고 번영하는 데 중요합니다.

마지막으로, 시니어 창업가는 그들의 비즈니스를 성장시키기 위해 네트워킹에 중점을 둬야 합니다. 이는 고객, 파트너, 투자자, 멘토 등 다양한 이해관계자와의 관계를 구축하고 유지하는 것을 의미합니다. 이러한 관계는 자원, 지원, 정보, 기회 등 다양한 형태로 표현되며, 이는 비즈니스 성공에 필수적입니다.

요약하자면, 시니어 창업가의 지식창업 첫 걸음은 아이디어 창출, 계획 수립, 실행, 학습과 적응, 그리고 네트워킹이라는 다섯 가지 주요 과정을 포함합니다. 이 과정들이 모두 잘 결합되면, 시니어 창업가는 그들의 비즈니스를 성공적으로 성장시키는 데 필요한 기반을 확실히 만들 수 있습니다.

목표 설정

사업을 시작할 때는 '목표 설정'이 핵심입니다. 목표가 우리의 행동을 이끌고, 얼마나 잘하고 있는지를 평가하는 척도가 됩니다. 그러니까 목표를 잘 세우는 것이 중요한데요, 그냥 아무 목표나 세우는 게 아니라, SMART라는 원칙을 따라야 합니다.

SMART라는 원칙은, 목표가 특정한(Specific), 측정 가능한(Measurable),

도달 가능한(Achievable), 관련 있는(Relevant), 시간 제한이 있는(Time-bound)을 의미합니다.

특정한 목표는 우리가 무엇을 원하는지를 정확하게 말해줍니다. 예를 들면, '성장하고 싶다'는 목표보다는 '내년까지 매출을 20% 늘리겠다'는 목표가 훨씬 특정해요.

측정 가능한 목표는 우리가 얼마나 성공했는지를 보여줍니다. 예를 들면, '고객을 더 많이 얻고 싶다'는 측정하기 어려운데요. '내년까지 1000명의 새 고객을 끌어들이겠다'는 목표는 측정하기 좋습니다.

도달 가능한 목표는 우리의 능력과 자원을 고려한 것이어야 합니다. 예를 들어, '하루에 100개의 제품을 팔겠다'는 작은 창업에서는 힘들 수 있지만, '내년까지 하루 평균 10개의 제품을 팔겠다'는 목표는 충분히 도전적이면서도 가능할 수 있겠죠.

관련 있는 목표는 우리 사업의 전략과 연관이 있어야 합니다. 예를 들면, '트위터 팔로워를 늘리겠다'는 목표는 소셜 미디어 마케팅 계획이 없다면 별로 도움이 안 될 거예요. 그러나 '블로그 방문자의 10%를 구독자로 전환하겠다'는 콘텐츠 마케팅 전략과 잘 어울릴 수 있겠죠.

시간 제한이 있는 목표는 우리에게 마감일을 주어 성과를 빠르게 내는데 도움이 됩니다. 예를 들어, '매출을 늘리겠다'는 시간 제한이 없는 반면, '3개월 내에 매출을 10% 증가시키겠다'는 시간 제한이 있는 목표입니다.

목표 설정이란 그냥 무엇인가를 원하는 것 이상이에요. 우리가 무엇을 원하는지 정확하게 알고, 그것을 어떻게 달성할 것인지를 계획하고, 얼마나 잘 하고 있는지를 확인하고, 그 결과를 평가하는 것입니다. 이런 방법으로 목표를 설정하면, 사업을 더 잘 이끌 수 있을 겁니다.

목표를 위한 전략과 계획

시니어 1인 창업가로서, 목표를 설정한 다음에는 그 목표를 이루기 위한 '전략'과 '계획'을 세우는 것이 필요합니다. 이 두 가지는 목표를 실현하는데 필요한 지도 같은 것입니다.

먼저, 전략을 어떻게 세울까요? 시니어 창업가는 고유의 지식, 경험, 관계망을 가지고 있습니다. 이런 자산을 최대한 활용하여 목표 달성에 필요한 전략을 만들어봅시다. 예를 들어, 당신의 전문 지식을 활용하여 시장에 없는 새로운 제품을 개발하거나, 기존의 인맥을 통해 사업을 확장하는 방법을 고려해볼 수 있습니다.

다음으로, 계획을 세우는 것입니다. 계획은 마치 여행지로 가는 길을 안내하는 지도 같습니다. 어떤 일을 언제 할지, 어떤 단계를 어떻게 진행할지 등을 세부적으로 정리하는 것이 필요합니다. 이는 당신이 목표에 도달하는 과정을 체계적으로 관리하고, 필요한 행동을 적시에 취할 수 있도록 도와줍니다.

하지만 주의할 점은, 계획은 항상 변할 수 있다는 것입니다. 시장 상황이 변하거나 개인의 상황이 바뀔 때, 계획 역시 유연하게 변경되어야 합니다. 이는 계획이 단순히 한 번 만들어지고 고정되는 것이 아니라, 항상 최선의 선택을 할 수 있도록 변화하고 적응하는 것이라는 사실을 기억해야 합니다.

즉, 목표 달성을 위한 전략과 계획은 당신의 창업 과정을 원활하게 이끌어갈 수 있는 핵심 역할을 합니다. 이 두 가지를 통해 당신의 꿈은 현실로, 목표는 성공으로 이끌어질 것입니다. 다시 한번 강조합니다. 목표 설정은 한 번만 하는 것이 아닙니다. 시장 상황이나 개인의 상황에 따라 목표는 유연하게 변경되어야 합니다. 수시로 목표를 확인하고, 필요한 경우에는 수정하여 항상 최선의 선택을 할 수 있도록 해야 합니다.

이렇게 명확하고 구체적인 목표 설정은 당신의 창업을 더욱 성공적으로 만들어 줄 것입니다. 목표를 향해 당신의 모든 행동이 집중되고, 당신의 노력이 결실을 맺는 것을 볼 수 있을 것입니다. 이 과정을 통해 당신의 꿈은 현실로 변화할 것입니다.

우리는 목표를 쓴다고 하면, 최종 도착 지점의 목표를 먼저 떠올리는 경향이 있습니다. 그건 고정화 되어 있을 수 있습니다. 상황에 따라 얼마든지 수정이 가능한 것이 목표인데도 말입니다. 항상 최선의 선택을 향해 목표 설정을 언제든지 바꿀 수 있다는 유연함이 필요한 이유입니다. 지식창업을 공부하고 준비하는 과정에서 저의 목표도 계속 수정되었습니다. 두리뭉실 크기만 한 목표에서 명확하고 점점 구체적인 목표로 진화해 갔습니다. 구체적인 목표에서 실행가능한 전략이 나옵니다. 거창하고 크게만 목표를 설정하려 하지 마세요. 뭐든지 자신에게 부담되는 것은 피하세요. 작게 쪼개서 목표를 설정해 보세요. 그렇게 작은 목표를 이루어가면 성취감이 생기고 실행력도 높아집니다.

비전, 사명, 그리고 주변 지원 시스템

비전과 사명의 중요성 및 정의 방법

비전과 사명은 창업에서 핵심적인 부분입니다. 이 둘은 기업의 목표와 방향성을 설정하고, 모든 결정과 행동의 기반이 됩니다. 그러나 이 둘의 차이를 혼동하는 사람들이 많습니다. 간단히 말해서, 비전은 '우리가 어디로 가고자 하는가'를 나타내고, 사명은 '우리가 그 목표를 달성하기 위해 어떻게 행동할 것인가'를 설명합니다.

비전은 미래의 이상적인 모습을 그린 것입니다. 이것은 우리가 무엇을 가능하게 할 수 있는지를 나타냅니다. 그리고 그것은 우리를 그 방향으로 이끌어주는 동기를 제공합니다. 비전은 꿈을 현실로 만드는 첫걸음이며, 그것이 없으면 목표와 방향성을 잃게 됩니다. 그래서 비전은 명확하고 도전적이며 미래지향적이어야 합니다.

비전을 만드는 것은 시간과 노력이 필요합니다. 이것은 단순히 생각나는 것을 적는 것이 아니라, 심도 있는 사고와 논의를 통해 이루어져야 합니다. 비전은 우리의 핵심 가치와 목표, 그리고 그것을 달성하기 위한 행동을 포함해야 합니다. 이것은 우리의 행동을 지향하고 가치와 목표를 일치시키는 역할을 합니다.

사명은 비전을 달성하기 위한 방법을 제시합니다. 이것은 '우리는 어떻게 우리의 목표를 달성할 것인가'를 설명합니다. 사명은 우리의 행동과 선택을 일관되게 만드는 방향성을 제공합니다.

비전과 사명은 시작 단계에서 만들어지지만, 계속해서 확인하고 업데이트해야 합니다. 시장 환경, 기술, 고객의 요구가 변하므로, 우리의 비전과 사명도 그에 맞춰서 변해야 합니다.

시니어를 위한 온라인 교육 플랫폼을 만드는 비전과 사명의 예를 들어보겠습니다.

비전 선언문: "우리는 모든 시니어가 쉽게 배우고 성장할 수 있는 가장 신뢰받는 온라인 교육 플랫폼을 만들고, 학습을 통한 성장이 가능한 사회를 구축하는 것입니다."

이 비전 선언문은 만들고자 하는 미래의 모습을 잘 나타냅니다. 시니어들이 편안하게 학습하고, 그 과정을 통해 개인적으로 성장할 수 있는 환경을 제공하고자 합니다. 또한 이 플랫폼을 통해 끊임없는 학습이 가능한 사회를 만들어 나가고자 합니다.

사명 선언문: "우리는 모든 시니어에게 이해하기 쉬운 교육 자료를 제공하며, 최고의 전문가들과 함께 지식을 공유하고, 각자의 속도에 맞게 배울 수 있도록 돕는 것입니다. 우리는 사용자 친화적인 플랫폼을 만들어 시니어들이 쉽게 사용할 수 있도록 하며, 학습 경험이 최우선이 될 수 있도록 노력합니다."

이 사명 선언문은 어떻게 비전을 달성하려는지 명확하게 보여줍니다. 접근성이 좋고 이해하기 쉬운 교육 자료를 제공하며 최고의 전문가들을 모집하여 그들의 지식과 경험을 공유합니다. 또한 사용자 친화적인 플랫폼을 개발하여 시니어들이 플랫폼을 쉽게 이용할 수 있게 합니다.

주변 지원 시스템과 구축방법

시니어 1인 창업가로서 성공하려면 혼자서 모든 것을 처리하려는 유혹을 물리치고 주변 지원 시스템을 구축하는 것이 중요합니다. 창업은 힘든 여정이며, 그 여정을 지속하려면 동료, 조언자, 멘토, 투자자, 고객, 그리고 가족 등 다양한 사람으로 구성된 지원 네트워크가 필요합니다.

첫째, 동료와 팀 멤버를 찾는 것부터 시작하세요. 당신은 전문성이 다른 사람들과 협력하여 기업의 다양한 면을 처리할 수 있어야 합니다. 예를 들어, 당신이 교육 콘텐츠를 제작하는 데 탁월한 능력을 갖고 있다면 마케팅, 기술 지원, 그리고 경영 등 다른 부분은 동료에게 맡길 수 있습니다. 이러한 방식으로 각 팀 멤버는 자신의 전문 분야에서 최고의 성과를 내는데 집중할 수 있습니다.

둘째, 조언자와 멘토를 찾아야 합니다. 이들은 창업 경험, 업계 지식, 그리고 네트워크를 통해 당신에게 귀중한 통찰력과 지원을 제공할 수 있습니다. 그들은 당신의 아이디어를 검증하고, 경영 전략을 개발하고 투자자를 찾는 데 도움이 될 수 있습니다. 그들은 또한 당신이 힘든 시기를 극복하는 데 필요한 동기부여와 지지를 제공할 수 있습니다.

셋째, 투자자와 파트너를 찾아야 합니다. 이들은 당신의 기업에 자금을 제공하고 사업 확장을 지원할 수 있습니다. 그들은 또한 당신의 기업에 대한 신뢰를 높이고 네트워크를 확장하는 데 도움이 될 수 있습니다. 그러나 투자자를 찾는 것은 시간과 노력이 많이 필요하므로 이를 계획에 포함해야 합니다.

넷째, 고객과 커뮤니티를 구축해야 합니다. 이들은 당신의 제품이나 서비스에 대한 피드백을 제공하고 당신의 기업을 다른 사람들에게 알릴 수 있습니다. 그들은 또한 당신의 기업이 성공하는 데 필요한 수익을 생성하는 데 도움이 될 수 있습니다. 따라서 고객 만족도를 높이고, 고객 관계를 유지하고 커뮤니티를 활성화하는 것이 중요합니다.

다섯째, 가족과 친구들이 주는 지원도 중요합니다. 이들은 당신이 힘든 시기를 극복하고, 자신감을 유지하고, 창업에 대한 열정을 지속하는 데 도움이 될 수 있습니다. 그들은 또한 일상적인 일들에서 도움을 주어 당신이 사업에 집중할 수 있도록 도와줄 수 있습니다. 따라서 가족과 친구들에게 창업에 대한 이해와 지원을 요청하는 것이 좋습니다.

이러한 지원 시스템을 구축하는 것은 창업의 성공을 위한 핵심 요소입니다. 당신은 자신의 역량을 넘어서서 다양한 사람들과 협력하고, 그들의 지원과 통찰력을 활용해야 합니다. 이렇게 하면 당신은 창업의 힘든 과정을 더욱 효과적으로 이어 나갈 수 있을 것입니다.

주변 지원 시스템과의 상호작용

비전과 사명을 확립하고, 그것들을 실현하기 위한 지원 시스템을 구축하는 것은 어떤 창업가에게도 중요한 작업입니다. 그러나 이것들이 모두 자리를 잡은 후에도, 주변 지원 시스템과의 지속적인 상호작용이 필수적입니다. 주변 지원 시스템은 창업가의 성공 여부에 큰 영향을 미칩니다. 이 시스템은 고객, 투자자, 파트너, 조언자, 그리고 가족과 친구들을 포함한 다양한 이해관계자로 구성됩니다. 이들 각각은 창업가에게 고유한 가치와 지원을 제공하며, 창업가의 비전과 사명을 현실로 만드는 데 중요한 역할을 합니다.

상호작용은 이러한 지원 시스템의 핵심입니다. 시니어 1인 지식창업가는 지원 시스템과의 깊이 있는 연결을 구축하고 유지함으로써, 자신의 비즈니스가 성장하고 번창할 수 있도록 필요한 자원과 정보, 그리고 도움을 얻을 수 있습니다. 이러한 상호작용은 의미 있는 대화, 지속적인 의사소통, 그리고 상호 존중을 기반으로 합니다.

시니어 창업가로서, 이러한 상호작용을 관리하고 활용하는 방법을 알아야 합니다. 가장 먼저, 지원 시스템의 각 구성원이 가진 고유한 가치와 기여를 인식해야 합니다. 이는 각 이해관계자와의 관계를 관리하고 강화하는 데 필요한 첫걸음입니다. 둘째, 자신의 비전과 사명을 명확하게 소통해야 합니다. 이를 통해 이해관계자들이 자신의 창업 프로젝트에 어떻게 도움을 줄 수 있는지 이해할 수 있습니다.

지원 시스템과의 상호작용은 창업가의 성공을 위해 중요한 요소입니다. 창업가는 이해관계자들과의 강한 연결을 구축하고 유지함으로써 비즈니스를 발전시키고 자신의 비전과 사명을 달성할 수 있습니다. 이러한 과정은 때로는 도전적일 수 있지만, 성공적으로 수행하면 결국 보람찬 결과를 가져올 것입니다.

– 카드뉴스 모음

– 콘텐츠코칭스쿨 12기

지식창업 실행과 도전의 수용

아이디어에서 실행 단계로의 전환

지식창업을 시작하는 모든 사람에게 있어, 아이디어는 항상 첫 시작점입니다. 이 아이디어는 논의할 가치가 있고, 상업적으로 실행가능한 무언가를 형상화하는 데 필요한 원천입니다. 그러나 아이디어만으로는 부족합니다. 아이디어를 현실화하는 데는 시니어 1인 지식창업가의 노력이 필요하며, 이는 아이디어를 실행 단계로 전환하는 것을 의미합니다.

아이디어를 실행으로 이끄는 것은 쉽지 않습니다. 그 과정은 도전과 장애물, 그리고 때로는 실패와 같은 많은 요소를 수용해야 하는 것을 요구합니다. 아이디어를 실행 단계로 전환하는 것은 시니어 창업가가 효과적인 비즈니스 계획을 세우고, 필요한 자원을 확보하며, 시장에 제품이나 서비스를 성공적으로 론칭하는 능력을 갖추는 것을 의미합니다.

또한, 아이디어에서 실행 단계로의 전환은 창업가가 자신의 비즈니스 아이디어에 대한 깊은 이해와 열정, 그리고 끈기를 가지고 있음을 보여줍니다. 창업가는 자신의 비전을 공유하고, 팀을 모으고, 투자를 받고, 시장에 적합한 제품이나 서비스를 개발하고, 고객의 요구를 만족시키는 것에 대한 열정이 필요합니다.

도전과 실패의 수용은 또한 아이디어를 실행 단계로 이끄는 과정의 핵심적인 부분입니다. 모든 창업 과정은 실패와 재시도의 연속이며, 이는 배우고 성장하고 더 나은 해결책을 찾아내는 데 도움이 됩니다. 시니어 창업가는 도전과 실패를 받아들이고, 그것들로부터 배우며, 그 경험을 더 나은 비즈니스 전략을 만들어 내는 데 활용할 수 있어야 합니다.

아이디어에서 실행 단계로의 전환은 아이디어를 현실화하는 데 필요한 중요한 단계입니다. 이 과정은 실행, 도전 수용, 그리고 지속적인 학습과 개선을 필요로 합니다. 이것은 곧 시니어 1인 지식창업가가 자신의 창업 여정에서 극복해야 할 중요한 장벽이지만, 이를 극복하면 성공적인 지식창업가로서의 길을 열게 될 것입니다.

실패와 도전에 대한 올바른 마음가짐

창업의 경로는 일찍이 예상한 것보다 더 험난하고 복잡할 수 있습니다. 도전과 실패는 그 과정에서 피할 수 없는 부분입니다. 어떻게 이런 시련을 받아들이고 극복하는지는 창업가의 성장과 성공에 결정적인 역할을 합니다. 이번 섹션에서는 도전과 실패를 받아들이는 방법에 대해 살펴봅니다.

첫째로, 실패를 학습의 일부로 받아들이는 것이 중요합니다. 실패는 어려운 경험이지만 그것은 중요한 교훈을 제공하며, 더 나은 선택과 행동을 할 수 있는 통찰력을 제공합니다. 실수를 인정하고 그것에서 배우는 것은 성장을 위한 필수 단계입니다. 실패는 나쁜 결과가 아니라, 더 나은 미래를 위한 학습 기회로 볼 필요가 있습니다.

둘째로, 도전과 문제를 기회로 보는 것이 중요합니다. 어려움은 종종 우리가 필요한 변화를 일으키는 기회를 제공합니다. 이는 새로운 전략을 시도하거나, 새로운 능력을 개발하거나, 새로운 시장을 탐구하는 기회를 제공할 수 있습니다. 도전은 자신의 편안한 영역을 벗어나 능력을 넘어서 성장하는 데 도움이 됩니다.

셋째로, 부정적인 감정을 관리하는 것이 중요합니다. 실패와 도전은 종종 스트레스와 공포, 불안, 실망 등의 감정을 일으킵니다. 이러한 감정은 생각과 행동에 부정적인 영향을 미칠 수 있습니다. 이를 극복하기 위해, 여러 가지 스트레스 관리 기법과 감정 조절 기법을 사용해야 합니다. 이에는 명상, 운동, 호흡 기법, 긍정적인 자기 대화 등이 포함될 수 있습니다.

넷째로, 원인과 결과를 분석하는 것이 중요합니다. 실패와 도전은 종종 선택과 행동에 대해 깊이 생각하게 합니다. 이는 왜 문제가 발생했는지, 그리고 어떻게 다른 결과를 가져올 수 있을지를 이해하는 데 도움이 됩니다. 이러한 분석은 더 효과적인 전략을 개발하고, 더 나은 선택을 하고, 더 좋은 결과를 얻는 데 도움이 됩니다.

다섯째로, 견디는 것이 중요합니다. 실패와 도전은 종종 포기하고 싶게 만듭니다. 하지만 당신은 이러한 어려움을 극복하고 목표를 향해 계속 전진해야 합니다. 이는 끈기와 인내, 그리고 희망을 요구합니다. 이는 또한 당신이 자신의 능력과 가치를 믿고, 당신의 비전을 추구하는 데 충실할 것을 요구합니다.

그리고 도움과 지원을 찾는 것이 중요합니다. 실패와 도전을 혼자서 극복하는 것은 어려울 수 있습니다. 이에는 친구, 가족, 멘토, 코치, 그룹, 혹은 전문가 등에게 조언이나 도움을 요청하는 것이 포함될 수 있습니다. 이들은 당신에게 격려와 지원을 제공하고, 문제를 해결하고, 더 나은 선택을 하고, 더 큰 성장을 이루는 데 도움이 될 수 있습니다.

실패를 통한 배움과 개선

실패는 중요한 교훈을 제공하고, 개선의 기회를 제공하며, 더 나은 창업가가 되는 데 도움이 될 수 있습니다. 따라서 시니어 1인 지식창업가는 실패를 통한 배움과 개선을 극대화하는 방법을 알아야 합니다.

첫째, 실패는 배움의 기회를 제공합니다. 실패는 무엇이 잘못되었는지, 어떻게 개선할 수 있는지를 보여줍니다. 실패를 겪으면, 그것을 분석하고, 문제의 원인을 파악하고, 더 나은 해결책을 찾아내는 데 필요한 통찰력을 얻게 됩니다. 이는 더 효과적인 전략을 개발하고, 비즈니스의 성공 가능성을 높이는 데 도움이 됩니다.

둘째, 실패는 개선의 기회를 제공합니다. 실패는 현재의 접근법이 효과적이지 않음을 보여주므로, 더 나은 방법을 찾는 데 집중할 수 있습니다. 이는 제품이나 서비스를 개선하고, 고객 경험을 향상시키고, 경쟁력을 높이는 데 도움이 됩니다.

그리고 실패는 겸손하게 만듭니다. 실패는 우리가 아직 배워야 할 것이 많음을 상기시켜줍니다. 이는 개선과 학습에 열린 마음을 가지고, 지속적으로 새로운 지식과 스킬을 습득하는 데 도움이 됩니다.

시니어 1인 지식창업가로서, 실패를 통한 배움과 개선은 성장의 핵심 동력이 될 수 있습니다. 실패는 피할 수 없는 현실이지만, 그것을 통해 우리는 더 나은 창업가가 될 수 있습니다. 이러한 마음가짐을 가지면, 실패는 더 이상 우리를 좌절시키는 요소가 아니라, 우리의 성장과 발전을 촉진하는 중요한 도구가 될 것입니다.

– 콘텐츠코칭스쿨 12기 발표회 (비대면 시대, 전국 어디라도, 세계 어디라도 연결)

– 한근태 작가님과의 고수 독서모임

2-4

동기 부여 유지와 작은 성공의 축하

동기 부여를 유지하는 전략

동기 유지는 정말 중요합니다. 창업가라면 종종 거대한 스트레스와 압박을 경험하게 될 거예요. 그럴 때마다 힘이 빠지고, 에너지가 떨어지게 되죠. 그래서 동기를 유지하고 열정을 불태우는 방법을 배워야 합니다. 이것이 바로 당신이 창업을 계속 추진하고, 비즈니스를 계속해서 성장시키는 데 필요한 방법입니다.

동기를 유지하는 방법은 여러 가지가 있어요. 가장 좋은 방법은 '비전과 사명'을 생각하는 것입니다. 당신이 창업을 시작한 이유는 무엇인지,

어떤 가치를 만들고 싶은지, 어떤 변화를 이끌어내고 싶은지를 계속 생각해 보세요. 이런 것들이 당신의 목표를 확실하게 하고, 의미를 주며, 동기를 불태우는 데 도움이 될 겁니다.

그리고, '자기 관리'와 '웰니스'도 실천해야 해요. 건강한 음식을 먹고, 꾸준히 운동하고, 충분히 쉬며, 스트레스도 관리해야 해요. 이런 것들이 당신의 건강을 지키고, 에너지를 충전하고, 집중력을 높여줄 거예요. 이런 건강 관리가 창업 목표를 계속 추진하고, 비즈니스를 계속 성장시키는 데 도움이 됩니다.

작은 성공을 인식하고 축하하는 방법

창업은 그 자체로 엄청난 도전입니다. 그것은 시간, 에너지, 자원을 많이 요구하며, 때때로 엄청난 스트레스와 압박을 동반하기도 합니다. 따라서 창업가로서 당신은 자신의 성과를 인정하고 작은 성공을 축하하며 동기를 유지하는 방법을 알아야 합니다. 이것은 창업 목표를 지속적으로 추구하고 비즈니스를 지속적으로 성장시키는 데 중요한 역할을 합니다.

작은 성공을 축하하는 것은 중요합니다. 창업가로서 종종 큰 목표에 초점을 맞추고 완벽을 추구하려는 경향이 있습니다. 하지만 이는 때때로 당신을 피곤하게 하고 당신의 열정을 소모시킬 수 있습니다. 따라서 당신은 당신의 작은 성공을 인정하고 이를 축하해야 합니다. 이는 당신의 진척을 인정하고 성과를 강조하며 성취감을 향상시키는 데 도움이 됩니다.

작은 성공을 축하하는 방법은 다양합니다. 가장 간단한 방법은 성과를 기록하고 이를 공유하는 것입니다. 이는 도전과 성공을 기록하고 이를 팀, 고객, 파트너와 공유하는 것을 포함합니다. 이는 공을 인정하고 동기를 높이는 데 도움이 됩니다.

또한 특별한 행사나 리워드를 통해 작은 성공을 축하할 수 있습니다. 이는 목표를 달성하거나, 성과를 초과하거나, 도전을 극복할 때마다 작은 축하를 하는 것을 포함합니다. 이는 성과를 높이고, 열정을 유지하고, 함께 일하는 팀의 동기를 부여하는 데 도움이 됩니다.

지속 가능한 동기 부여 시스템 구축:
변화와 성장 속에서도 불 꺼지지 않는 활력

창업가로서 독자적으로 일하는 것은 큰 도전이 될 수 있습니다. 그러나 독립적으로 일하는데도 명확한 비전과 성공을 위한 동기 부여가 중요합니다.

비전이란 당신이 달성하고자 하는 궁극적인 목표를 의미합니다. 이는 당신이 제공하려는 제품이나 서비스에 대한 아이디어에서부터, 당신의 사업이 이루고자 하는 더 큰 사회적 영향에 이르기까지 다양합니다. 이 비전을 항상 명심하고 이를 위해 일하면, 힘든 시기에도 동기부여가 됩니다.

동기부여를 유지하려면, 건강한 생활 습관도 중요합니다. 적당한 운동, 균형 잡힌 식단, 충분한 휴식은 스트레스를 관리하고 에너지 수준을 높이는 데 중요한 역할을 합니다. 이런 습관은 당신이 힘들고 지치는 시기에도 일을 계속하는 데 필요한 체력을 제공할 수 있습니다.

또한, 성과를 기록하고, 이를 자주 회고하고 축하하는 것도 동기부여에 큰 도움이 됩니다. 이는 단지 큰 목표를 달성했을 때만이 아니라, 작은 성과에 대해서도 해당됩니다. 작은 성과를 인정하고 축하함으로써, 당신은 자신의 진척 상황을 확인하고 동기부여를 얻을 수 있습니다.

그러므로 독립적으로 일하는 창업가라도 자신의 비전을 분명히 하고, 건강하게 생활하며, 자신의 성과를 인정하고 축하하는 것이 동기부여를 유지하는 데 중요한 방법입니다. 이런 방법들을 통해, 혼자서 일하는 창업가도 자신의 비즈니스를 지속적으로 성장시킬 수 있습니다.

여러 블로그를 쇼핑하듯이 관람하다 보면, 행사를 많이 보게 됩니다. "이웃 1,000명 달성했어요, 기념 ○○○!", "전자책 나왔어요, 기념 ○○○○!", "서이추 3,000명 달성, 기념 ○○○!" 이것은 작은 성공을 축하하며 자신에게 계속적인 동기부여를 하는 거예요. 관심 가지고 지켜보는 분들에게도 잠재적인 유인 효과를 줄 수 있습니다.

시니어 지식창업의 길은 인내와 뚝심이 필요합니다. 작은 성취를 인정하는 것은 에너지를 리셋하며 갈 수 있는 방법이에요. 전 처음에 그 까닭을 알지 못해서 그 기회를 다 놓쳤어요. 막상 1인 지식창업을 한다고 호기롭게 시작은 했지만, 어느 길로 어떤 차를 타고 가야 할지 몰랐으니까요. 이 책은 그런 막막함을 해결하기 위해 쓴 것입니다.

연애하는 청춘들이 60일 기념, 100일 기념하며 관계를 견고히 하고 추억을 쌓아가듯이, 작은 성취를 기념하는 것은 한편으로 잠재 고객과의 관계를 다져가는 방법입니다. 자신이 하는 일에 활력을 불어 넣을 수 있는 여러 기회를 이젠 놓치지 마세요. 뭐든지 자랑거리를 삼아야 합니다. 그게 쉬운 일은 아닙니다. 여태껏 안 해본 일이니까요. 당연히 벽을 만납니다. 벽을 깨고 전진하세요! 응원합니다!

TIP

비전과 사명의 중요성과 이를 정의하는 방법: 비전은 여러분이 이루고 싶은 꿈이고, 사명은 그 꿈을 이루기 위한 여행 계획이라고 할 수 있습니다. 이것들은 여러분이 열심히 일하고자 하는 이유를 상기시켜주는 '에너지 충전소'와 같습니다.

지원 시스템의 필요성과 구축 방법: 여기에는 가족, 멘토, 고문, 동료 및 귀하가 서비스를 제공하는 커뮤니티까지 포함됩니다. 이렇게 지원 네트워크를 구축하면 이들이 제공하는 조언이나 피드백은 여러분이 일하는 동안 발생하는 기복을 다루는 데 큰 도움이 될 것입니다.

주변 지원 시스템과의 상호 작용: 여러분이 도움을 주는 사람들과 함께 정기적으로 만나고, 이야기하고, 함께 일해보세요. 그들은 여러분에게 새로운 생각을 주고, 문제를 해결하는 데 도움을 주고, 항상 여러분을 위해 거기에 있을 것입니다.

자원과 기회를 최대한 활용하라: 1인 창업가는 자신이 가진 풍부한 경험, 지식, 그리고 인맥 등을 활용해야 합니다. 예를 들어, 자신의 전문성을 활용해 문제를 해결하는 제품을 만들거나, 자신이 이미 아는 사람들을 통해 빠르게 사업을 시작하는 등의 방법을 활용해보세요.

유연한 계획을 수립하라: 시장 조건이나 개인의 상황은 항상 변할 수 있습니다. 따라서 계획은 유연성을 가지고 있어야 합니다. 필요에 따라 계획을 수정하고 개선하면서 변화하는 환경에 적응하고, 항상 최선의 선택을 할 수 있도록 해야 합니다.

실패를 배움의 기회로 받아들이기: 실패는 문제의 원인을 파악하고 더 나은 해결책을 찾아내는 데 필요한 통찰력을 제공합니다.

개선을 위한 실패 활용: 실패는 제품이나 서비스를 개선하고, 고객 경험을 향상시키고, 경쟁력을 높이는 데 필요한 개선의 기회를 제공합니다.

지식 수용: 새로운 정보와 지식을 적극적으로 찾고, 이해하고, 자신의 비즈니스에 적용하는 것이 중요합니다. 이것은 변화하는 환경에서 경쟁력을 유지하고 기회를 찾는 데 필수적입니다.

전략 조정: 현재의 상황을 정확하게 파악하고, 이에 따라 전략과 접근법을 조정하는 것이 필요합니다. 이는 비즈니스를 자신의 목표와 비전에 부합하는 방향으로 성장시키는데 중요합니다.

실패 수용: 실패는 도전과 어려움을 동반하지만, 새로운 것을 배우고 비즈니스를 개선하는 기회입니다. 변화를 수용하고 적응하는 과정에서 실패는 불가피하므로, 이를 수용하고 그것으로부터 배우는 것이 중요합니다.

⊗ 나의 비전 작성하기(미래 지향적-목적)

비전문	

⊗ 나의 사명선언문 작성하기(현재 지향적- 비전을 이루기 위해 해야 할 행동)

사명 선언문	

3장

시니어의 창업 여정:
지식과 경험을 활용한 성공적인 출발

빛나는 아이디어:
자신만의 비즈니스 창출

빛나는 아이디어

시니어 지식창업가로서 첫걸음을 내딛는 것은 비즈니스 아이디어를 찾는 것입니다. 이는 창업의 시작이며, 이것이 없으면 시작조차 할 수 없습니다. 그러나 이것은 쉽게 결정할 수 있는 것이 아닙니다. 이는 신중하게 다양한 요소를 고려하여 결정해야 하는 것입니다.

이제 가치와 목표, 지식과 경험, 열정과 시장 수요를 토대로 비즈니스 아이디어를 찾아냈습니다. 그러나 이것이 비즈니스 아이디어를 찾는 과정의 끝이 아닙니다. 찾아낸 아이디어를 깊이 있게 연구하고 검증해야 합니다. 찾아낸 아이디어가 실제로 실행 가능한 것인지 그리고 그것이 시장에서 수요를 만족시킬 수 있는 것인지를 확인해야 합니다. 이 과정은 까다로울 수 있지만 찾아낸 비즈니스 아이디어가 진정으로 가치 있는 것인지를 확인하는 데 도움이 됩니다.

비즈니스 아이디어를 찾을 때, 먼저 자신의 경험과 지식을 살펴봐야 합니다. 어떤 것에 깊은 이해가 있는가? 어떤 문제를 해결하는 데에 탁월한가? 이것이 비즈니스 아이디어를 찾는 데 도움이 될 수 있습니다. 예를 들어 여행을 사랑하고 여행 경험이 있다면 여행 관련 비즈니스를 고려할 수 있습니다. 또는 요리를 잘한다면 요리 관련 비즈니스를 고려할 수 있습니다.

다음으로 시장의 수요를 살펴봐야 합니다. 비즈니스 아이디어가 시장에 적합한가? 시장에는 이미 비슷한 제품이나 서비스가 넘쳐나고 있는가? 아니면 비즈니스 아이디어가 새로운 시장을 창출할 수 있는가? 이것은 비즈니스를 시작할 수 있는지, 그리고 비즈니스가 성공할 수 있는지를 결정하는 중요한 요소입니다.

또한 자신의 열정을 고려해야 합니다. 비즈니스 아이디어에 대해 열정적인가? 이것은 중요한 요소입니다. 왜냐하면 비즈니스에 대해 열정적이라면 그것을 더 잘할 수 있고 그것을 통해 더 큰 성공을 거둘 수 있습니다.

비즈니스 아이디어가 당신의 가치와 목표와 일치하는지 확인해야 합니다. 비즈니스 아이디어는 당신의 가치를 반영하고 당신의 목표를 달성하는 데 도움이 되어야 합니다. 이것은 비즈니스를 통해 당신의 삶의 목표와 가치를 실현할 수 있도록 돕는 것입니다.

비즈니스 아이디어를 찾는 것은 쉽지 않습니다. 그러나 이것은 창업의 가장 중요한 단계 중 하나이며 성공적인 창업을 위한 토대를 마련하는 데 도움이 됩니다. 그리고 무엇보다 이것은 삶에 대한 새로운 도전을 받아들이고 삶에 대한 새로운 방향을 제시하는 중요한 첫걸음입니다.

소득 창출의 핵심, 비즈니스 모델 선택하기

아이디어를 찾았다면 다음으로 할 일은 비즈니스 모델을 선택하는 것입니다. 무슨 말인지 잘 모르겠다고요? 간단하게 설명해 드리자면, 비즈니스 모델이란 비즈니스가 어떻게 돈을 버는지를 설명하는 방법입니다. 비즈니스 아이디어가 가치를 창출하는 방법, 그 가치를 고객에게 전달하는 방법, 그리고 그 과정에서 돈을 어떻게 버는지를 결정하는 것이 바로 비즈니스 모델입니다.

비즈니스 모델이란, 당신의 사업 아이디어와 그 아이디어를 어떻게 실행할지에 대한 계획이에요. 이건 그냥 생각나는 아이디어로 시작해서, 그 아이디어가 어떻게 돈을 벌어다 줄지, 누가 우리 제품이나 서비스를 쓸지, 어떻게 차별화해서 경쟁할지에 대해 깊이 고민하는 단계랍니다.

사업을 시작하려는 사람들이 흔히 하는 실수 중 하나는 좋은 아이디어만 있으면 된다고 생각하는 겁니다. 하지만 아이디어만으로는 충분하지 않아요. 그 아이디어를 어떻게 현실로 만들고, 어떻게 돈을 벌어 낼지에 대한 계획이 필요하거든요.

비즈니스 모델을 선택하는 것은 쉬운 일이 아닙니다. 당신이 선택한 방법이 꼭 성공할 거라는 보장은 없어요. 때로는 실패하고 다시 시작하는 과정을 거쳐야 할 수도 있습니다. 하지만 이런 과정을 통해 사람들이 우리 제품이나 서비스를 더 좋아하게 만드는 방법을 찾을 수 있죠.

그래서 비즈니스 모델을 선택하는 건 '정답을 찾는 것'이 아니라, '가장 적합한 답을 찾아내는 과정'이에요. 이 과정에서 계속해서 시장 변화를 주시하고, 고객의 반응을 듣고, 그에 따라 당신의 비즈니스 모델을 계속해서 개선해 나가야 합니다.

그럼 어떤 비즈니스 모델을 선택해야 할까요? 그건 당신의 사업 아이디어와 당신의 능력, 그리고 시장 상황에 따라 다르겠지만, 결국 가장 중요한 건 두 가지가 있습니다. 하나는 고객에게 어떤 가치를 제공할 것인지, 그리고 둘째는 그 가치를 어떻게 돈으로 바꿀 것인지에 대한 계획이에요.

그럼 가치를 제공하는 방법에는 뭐가 있을까요? 제품이나 서비스를 팔수도 있고, 정보나 경험을 제공할 수도 있고, 플랫폼이나 네트워크를 만들 수도 있어요. 돈을 버는 방법도 여러 가지가 있겠죠. 제품 판매, 구독료, 광고 수익, 플랫폼 이용료 등 다양한 방식이 있을 거예요.

여러분이 가장 잘 할 수 있는 것, 그리고 여러분의 아이디어가 가장 잘맞는 방법을 찾는 게 중요합니다. 그 방법을 계속해서 개선하고 발전시켜 나가는 과정을 거쳐야 해요. 그래야 비로소 효과적인 비즈니스 모델을 만들 수 있을 겁니다.

고객이 중심, 타깃 고객세트의 정의

당신이 어떤 사업을 하든, 가장 먼저 생각해야 할 것은 '내 고객은 누구일까?'입니다. 이 질문의 대답은 '타깃 고객'입니다. 타깃 고객은 당신의 제품이나 서비스를 가장 좋아하고 가장 필요로 하는 사람들입니다. 그들을 잘 이해하면, 제품이나 서비스를 그들에게 매력적으로 만드는 데 도움이 됩니다.

그래서 타깃 고객을 정확하게 파악하는 것이 중요합니다. 그러려면 우선 시장 조사가 필요합니다. 시장 조사에서 고객의 성별, 나이, 지역, 소득 등의 정보를 얻을 수 있습니다. 이런 정보가 있으면 제품이나 서비스를 누구에게 팔 것인지 결정하는 데 도움이 됩니다.

하지만 단순히 나이나 위치만 알고 있는 것은 충분하지 않습니다. 고객의 일상, 선호도, 가치관 등도 알아야 합니다. 그래야 그들이 어떻게, 언제, 왜 우리의 제품이나 서비스를 사용할지 이해할 수 있습니다.

또한, 타깃 고객은 항상 변하기 때문에 계속해서 관찰하고 분석해야 합니다. 새로운 경쟁 상황이 생기거나, 시장이 변하거나, 고객의 취향이 변할 수 있기 때문입니다.

고객을 잘 알아두는 것은 단순히 매출을 늘리는 것뿐만 아니라 고객과의 좋은 관계를 유지하는 데도 중요합니다. 이 관계는 고객의 충성도를 높이고, 당신의 비즈니스를 오랫동안 유지하는 데 도움이 됩니다. 그러니까, 고객을 잘 알아야 그들에게 필요한 것을 제공하고, 그들이 원하는 메시지를 전달할 수 있습니다.

고객 중심의 사고 방식은 항상 필요합니다. 고객의 필요와 원하는 것을 중심으로 사업을 운영해야 합니다. 예를 들어, 시니어 대상 스타트업을 생각해봅시다. 이런 기업은 시니어 고객의 필요와 선호도를 잘 이해하고, 그에 맞춘 제품이나 서비스를 제공해야 합니다. 그러면 고객은 기업에 더 충성하게 되고, 이는 기업에게 큰 도움이 됩니다. 따라서 고객 중심 사고는 모든 기업에게 필요한 생각 방식입니다.

현대의 비즈니스 환경에서는 윌리엄 폴라드의 명언이 울림을 줍니다. "학습과 혁신은 함께 가야 합니다. 성공의 오만은 어제 한 일로 내일도 충분할 것이라고 생각하는 것입니다." 이 말은 오늘날 비즈니스의 진화 추세인 급속한 변화를 잘 보여줍니다. 노년층이 필요로 하는 서비스나 제품을 제공하는 신생 기업들이 점점 늘어나고 있다고 생각해봅시다. 이런 기업들의 핵심은 고객을 중심에 두는 방식입니다. 즉, 그들이 제공하는 해결책이나 서비스와 노년층이 필요로 하는 것 사이에서 가장 이상적인 지점, '스위트 스팟'을 찾아내는 것입니다. 이것은 즉, 고객이 가장 필요로 하는 것과 우리가 제공할 수 있는 것 사이의 가장 좋은 접점을 찾는 것을 의미합니다.

이를 확립하기 위해 먼저 '고객 중심' 접근 방식의 원칙을 알아보겠습니다. 하버드 비즈니스 스쿨 교수인 시어도어 레빗은 "비즈니스의 목적은 고객을 창출하고 유지하는 것이다."라고 말한 적이 있습니다. 이 강력한 말은 고객 중심 접근 방식의 핵심을 형성합니다. 이는 제품 디자인, 마케팅, 고객 서비스, 심지어 조직 문화 자체에 이르기까지 비즈니스의 모든 측면에 스며들어 있는 정신입니다.

시니어 중심 스타트업의 맥락에서 '고객 중심'이라는 용어는 시니어의 필요와 선호도, 일상생활에서 직면하는 문제를 깊이 이해하는 것을 의미합니다. 단순히 시니어가 사용할 수 있는 제품과 서비스를 만드는 것이 아닙니다. 시니어의 라이프스타일과 열망, 그들이 원하는 삶의 질에 깊이 공감할 수 있는 솔루션을 설계하는 것입니다. Amazon의 창립자 제프 베조스는 "우리는 고객을 파티에 초대받은 손님으로 여기며, 우리가 호스트입니다. 고객 경험의 모든 중요한 측면을 조금씩 개선하는 것이 매일 우리가 하는 일입니다."라고 말했습니다.

가상의 예로 스타트업 '실버폭스'는 시니어를 위한 홈 헬스케어 시장을 혁신하고 있습니다. 단순히 건강 모니터링 기기를 개발하는 데 그치지 않고, 소비자에 대한 깊은 이해와 공감을 바탕으로 문제에 접근했습니다. 이들은 노인의 건강 문제뿐만 아니라 독립성을 잃고 자녀에게 짐이 되는 것에 대한 두려움, 필요할 때 즉각적인 도움을 받지 못하는 것에 대한 두려움 등 노인의 두려움도 해결했습니다.

실버폭스는 이러한 두려움을 완화하기 위해 건강 모니터링 장치, 원격 의료 서비스, 응급 대응 장치, 잠재적인 건강 위험을 예측하는 AI 기반 분석 기능을 통합한 종합적인 홈 헬스케어 시스템을 설계했습니다. 노인의 라이프스타일에 맞춰 간단하고 사용하기 쉬우며 다양한 생활 환경에 적응할 수 있도록 설계되었습니다.

이 혁신적인 제품은 목표 고객층에 대한 끊임없는 집중의 결실입니다. '타깃 고객 세트'는 단순한 인구통계학적 세분화가 아니라 공통된 특성, 니즈 및 행동을 공유하는 뚜렷한 고객 그룹을 의미합니다. 마케팅 전문가인 필립 코틀러는 "성공하는 전략은 단 하나뿐입니다. 목표 시장을 신중하게 정의하고 그 목표 시장에 우수한 제품을 제공하는 것입니다."라고 말했습니다.

실버폭스의 목표 고객에는 노인뿐만 아니라 노인의 자녀와 의료 서비스 제공자도 포함되었습니다. 실버폭스는 노인이 기술 지원을 위해 자녀에게 의존하는 경우가 많고, 의료 서비스 제공자는 효율적인 치료를 위해 노인의 건강 데이터에 대한 액세스가 필요하다는 사실을 인지했습니다. 이러한 그룹을 타깃 고객층에 포함시킴으로써 실버폭스는 노인을 위한 종합적인 솔루션을 개발했을 뿐만 아니라 노인을 둘러싼 지원 생태계를 촉진했습니다.

실버폭스의 경우는 고객 중심 접근 방식과 타깃 고객에 대한 명확한 이해가 얼마나 강력한 힘을 발휘하는지 잘 보여줍니다. 현대 비즈니스 환경에서 성공하려면 참신한 아이디어나 뛰어난 기술만 있으면 되는 것이 아닙니다. 비즈니스의 중심을 고객에 두고 고객의 변화하는 니즈를 충족하기 위해 끊임없이 적응하는 것이 중요합니다.

경영 이론에서 가장 영향력 있는 사상가 중 한 명인 피터 드러커는 "마케팅의 목적은 고객을 잘 알고 이해하여 고객에게 맞는 제품이나 서비스를 만들어 판매하는 것이다."라고 말했는데, 실버폭스와 같은 스타트업은 이러한 철학을 구현한 것입니다. 이것은 비즈니스의 미래가 적자생존이 아니라 가장 공감하는 자의 생존이라는 것을 보여주고 있습니다.

창업 초보자는 타깃 고객을 정하는 데 시간이 오래 걸립니다. 조언을 구하면 멘토마다 상이한 대답을 내놓기도 합니다. 결국 결정의 몫은 오롯이 자기 것이 됩니다. 자신의 과거 경험을 돌아보며 치열하게 공부해야 합니다. 전 처음엔 교사 생활을 오랫동안 했기 때문에 가진 경험과 지식을 활용하여 타깃 고객을 학부모로 했습니다. 그 후 콘텐츠 스쿨을 공부하면서 제 나이를 고려하여 솔루션을 줄 수 있는 연령대를 중년 여성으로 잡았습니다. 이렇게 타깃 고객을 정한 다음엔 그들에게 어떤 문제가 있고, 그들에게 어떤 도움이 필요할 것인지를 고민하여 가상의 비즈니스 모델을 만들어 봅니다. 교수님과 주변 동료의 피드백을 받으면서 계속 수정 작업을 해 나갑니다. 이 책을 쓰고 있는 지금, 타깃 고객은 시니어입니다. 비즈니스 현장은 유연함이 덕목입니다. 완벽하게 준비해서 실행하려고 하지 마세요. 전 그러지 못해서 시간을 많이 놓쳤습니다. 아쉬운 대로 시작하고, 피드백을 받으며 수정해 가야 합니다. 현장의 목소리를 듣는 것이 제일 중요하기 때문에 일단은 실행하는 것이 첫 번째 할 일입니다.

– 브랜딩포유 장이지 대표님과의 실행독서 모임

시장의 속삭임:
철저한 시장조사와 분석

시장 조사와 경쟁사의 분석

비즈니스 세계에서 시장 조사는 성공의 결정적인 요인 중 하나입니다. 그 이유는 시장조사가 제품 개발, 마케팅 전략, 그리고 비즈니스 전반에 대한 의사결정에 필요한 근거를 제공하기 때문입니다.

시니어 창업가의 관점에서, 본인의 개인적인 경험과 지식은 확실히 중요하겠지만, 그것만으로는 충분하지 않습니다. 시장 조사와 경쟁사 분석을 통해 창업가는 시장의 기회를 발견하고 이를 활용하여 자신의 비즈니스 아이디어를 개발할 수 있습니다.

시장 조사는 시니어 창업가에게 이해할 수 있는 특정 시장에 대한 심층적인 인사이트를 제공하며, 이는 고객의 요구와 행동을 파악하고 이를 바탕으로 제품이나 서비스를 개발하는 데 도움이 됩니다. 또한 경쟁사 분석을 통해 시니어 창업가는 비슷한 제품이나 서비스를 제공하는 기업들이 어떤 전략을 사용하고 있는지, 그리고 그들의 성공과 실패는 무엇인지를 이해할 수 있습니다. 이러한 정보는 시니어 창업가가 자신의 비즈니스 전략을 계획하고 실행하는 데 중요한 역할을 합니다.

특히 시니어 창업가는 시장 조사를 통해 자신의 비즈니스 아이디어가 얼마나 실현 가능한지, 어떤 고객층을 대상으로 해야 하는지, 그리고 시장에 진입하는 가장 적절한 시기는 언제인지 등을 판단할 수 있습니다. 시장 조사는 또한 제품이나 서비스의 가격 책정, 마케팅 전략, 그리고 잠재적인 판매 채널 등에 대한 정보를 제공하며, 이는 창업가가 자신의 비즈니스를 더 효과적으로 운영하고 성장시키는 데 도움이 됩니다.

또한 경쟁사 분석을 통해 시니어 창업가는 경쟁사의 전략과 행동을 이해하고, 이를 토대로 자신의 비즈니스를 어떻게 차별화하고 경쟁력을 높일 수 있는지에 대한 아이디어를 얻을 수 있습니다. 경쟁사 분석은 또한 시니어 창업가가 자신의 비즈니스가 시장에서 어떤 위치에 있는지, 그리고 어떤 기회와 위협이 있는지를 이해하는 데 도움이 됩니다.

따라서, 비즈니스 세계에서의 성공은 단순히 좋은 아이디어를 가지고 있는 것만으로는 충분하지 않습니다. 창업가, 특히 시니어 창업가는 시장의 동향을 이해하고, 고객의 요구를 파악하며, 경쟁사의 전략을 분석하는 등의 능력이 필요합니다. 이를 통해 창업가는 자신의 비즈니스 아이디어를 시장에 적합하게 조정하고, 더 효과적인 전략을 개발하여 성공적인 비즈니스를 구축할 수 있습니다.

제품 또는 서비스의 개발 전략

스타트업의 세계는 혁신과 창의성의 활기찬 생태계로, 신중한 계획, 전략적 실행, 끊임없는 적응의 결과로 성공이 결정되는 경우가 많습니다. 이러한 요소는 제품 개발 영역에서 특히 중요합니다. 헨리 포드는 "내가 사람들에게 원하는 것이 무엇이냐고 물었다면 그들은 더 빠른 말이라고 대답했을 것이다."라고 했습니다. 이 말은 고객의 요구를 예측하고 기대를 뛰어넘는 혁신적인 솔루션을 제공하는 전략적 제품 개발의 본질을 요약한 말입니다.

시니어 기업가에게 제품 개발은 풍부한 경험과 지혜를 활용하는 것뿐만 아니라 시장, 경쟁사, 타깃 고객에 대한 깊은 이해를 제품 개발에 불어넣는 일입니다. 이러한 인사이트를 고유한 가치 제안과 통합함으로써 고객의 공감을 불러일으키고 경쟁사와 차별화되는 제품이나 서비스를 만들 수 있습니다.

이 전략의 대표적인 사례로 가상의 스타트업 '실버테크'를 들 수 있습니다. 실버테크는 시니어를 위한 맞춤형 디지털 학습 플랫폼의 필요성을 인식하고, 이를 충족하면서도 경쟁이 치열한 시장에서 돋보일 수 있는 제품 개발에 착수했습니다.

먼저 명확한 문제를 제기하고 목표를 세우는 것에서 출발해야 합니다. 베스트셀러 『왜 시작해야 하는가』의 저자인 사이먼 사이넥은 목적이 정확해야 한다고 강조했어요. 그의 말처럼 사람들은 당신이 무엇을 하는지보다 왜 하는지에 더 관심이 있어요. 실버테크의 '왜'는 바로 이것입니다. 노인분들이 자신감을 가지고 디지털 세상을 받아들일 수 있도록 도와주는 것입니다.

그 다음에는 타깃 사용자인 시니어를 이해하는 데 집중했습니다. 사용자 조사, 사용자 테스트는 이들이 사용한 도구 중 일부였습니다. 그들은 제품이 직관적이고 사용하기 쉬우며 노인의 학습 속도에 맞게 조정되어야 한다는 것을 알고 있었습니다. 이를 위해 "프로토타입을 초기 샘플로 생각하지 말고 대화라고 생각하라."라는 저명한 디자인 사상가 팀 브라운의 조언을 인용하겠습니다. 이는 개발 프로세스 전반에 걸쳐 사용자를 참여시키는 것입니다.

팀 브라운의 이 말은 프로토타입이 단순히 제품의 초기 버전이나 샘플을 의미하는 것이 아니라, 디자이너와 사용자 간의 의사소통이나 대화의 수단이라는 뜻입니다. 일반적으로 프로토타입은 제품이나 서비스의 초기 버전을 만들어 보는 것을 의미합니다. 이를 통해 제품의 구조나 기능을 테스트하고 문제점을 찾아내는 데 사용합니다.

그러나 팀 브라운의 이 말은 프로토타입을 더 넓은 의미로 해석하는 것을 제안하고 있습니다. 즉, 프로토타입은 제품을 만드는 과정에서 사용자와의 상호작용, 소통의 도구라는 것입니다.

이렇게 이해하면, 프로토타입은 사용자의 필요와 요구를 이해하고 반영하기 위한 수단이 됩니다. 사용자는 프로토타입을 통해 제품이나 서비스를 체험하고 그에 대한 피드백을 제공할 수 있습니다. 디자이너는 이 피드백을 받아 제품을 개선하고, 사용자가 원하는 것이 무엇인지 더 잘 이해할 수 있습니다.

따라서 이 말은 프로토타입을 단순한 제품 샘플이 아닌, 디자이너와 사용자 사이의 대화의 도구로 보고, 이를 통해 사용자의 요구와 기대를 더 잘 이해하고 충족시키는 제품을 만들어 나가자는 것을 권장하는 말입니다.

실버테크는 사용자 중심의 디자인과 동시에 시장 트렌드와 기술 발전에도 세심한 주의를 기울였습니다. 이를 통해 플랫폼의 관련성을 유지하고 미래의 변화에 적응할 수 있도록 했습니다. "오늘날 성공하려면 끊임없이 재고하고, 활력을 불어넣고, 반응하고, 재창조할 수 있는 민첩성과 추진력이 필요합니다."라고 Microsoft의 공동 창립자인 빌 게이츠는 경고합니다.

실버테크의 전략 중 한 부분은 경쟁사를 잘 살펴보고, 자기들만의 독특한 판매 포인트를 찾아내는 것이었습니다. 말하자면, 목표는 바퀴를 새로 만드는 것이 아니라, 사용자들이 더 편하고 빠르게 바퀴를 돌릴 수 있도록 돕는 것이었죠. 그래서 개인 맞춤형 학습 경로, 연중무휴 고객 지원, 쉽고 알기 쉬운 지침과 같이 경쟁사에서는 부족한 부분을 개선하는 데 집중했습니다.

실버테크는 처음부터 확장성과 지속 가능성을 계획했습니다. 사용자와 콘텐츠뿐만 아니라 기능과 기능 측면에서도 성장하고 적응할 수 있는 플랫폼을 만드는 것을 목표로 했습니다.

제품 개발이 단순히 솔루션을 만드는 것이 아니라 가치를 창출하는 것임을 강조합니다. 실버 세대 기업가에게 도전과 기회는 풍부한 경험과 전략적 사고, 고객 공감, 시장 통찰력, 혁신 정신을 결합하여 사용자의 공감을 얻고 시장에서 돋보이는 제품이나 서비스를 만드는 데 있습니다.

효과적인 사업계획서 작성 방법

사업계획서는 창업 초기 단계에서 가장 중요한 도구입니다. 이는 단지 사업 아이디어를 정리하고 명확히 하는 데만 필요한 것이 아니라, 잠재적 투자자와 파트너에게 당신의 사업 아이디어를 소개하고 설득하는 데 필요한 도구입니다. 사업계획서는 명확하고 직관적이며 전문적이어야 합니다.

사업계획서는 일반적으로 여러 가지 구성 요소를 포함합니다. 첫 번째로는 'Executive Summary'가 있습니다. 이는 사업 계획서의 개요를 제공하며 사업의 목표, 주요 제품 또는 서비스, 타깃 시장, 경쟁 우위 등을 간략하게 설명합니다. 이 섹션은 일반적으로 사업계획서의 첫 부분에 위치하며 독자가 사업 아이디어를 빨리 이해할 수 있도록 해야 합니다.

두 번째로는 'Company Description'이 있습니다. 이는 사업의 세부 정보를 제공합니다. 이 섹션에서는 사업의 구조, 설립 목표, 주요 파트너 및 사업 위치 등에 대해 설명해야 합니다. 또한, 이 섹션에서는 사업의 전략과 비전을 명확히 설명해야 합니다.

다음으로, 'Market Analysis'이 있습니다. 이는 사업의 시장 환경을 분석하고, 시장 트렌드, 고객 세그먼트, 경쟁자 분석 등을 포함합니다. 이 섹션은 사업의 성장 가능성과 기회를 보여주는 데 중요하며, 사업이 시장의 요구와 트렌드에 어떻게 부합하는지를 보여주어야 합니다.

그리고 'Product Line and Services'와 'Marketing and Sales Strategy'이 있습니다. 이 섹션에서는 제품 또는 서비스의 세부 정보를 제공하고, 제품의 특징과 장점을 강조해야 합니다. 또한, 제품이나 서비스를 판매하고 홍보하기 위한 전략을 설명해야 합니다. 사업계획서는 사업의 성공에 중요한 첫걸음이며 그 이후의 모든 단계를 안내하는 지도 역할을 합니다. 각 섹션을 세심하게 작성하고, 사업의 전체적인 비전과 전략을 반영하는 것이 중요합니다. 이를 통해 창업자는 효과적인 사업 전략을 개발하고 투자자와 파트너를 유치하는 데 필요한 도구를 가질 수 있습니다.

사업계획서 작성의 후반부에는 재정 계획과 구현 전략이 포함됩니다. 이 부분은 사업의 재정 상황을 개괄하고, 사업을 실행하는 데 필요한 자원과 전략을 정의하는 데 중점을 둡니다.

재정 계획 섹션에서는 초기 비용, 예상 수익, 수익성 분석, 재정 예측 등을 포함합니다. 초기 비용은 사업을 시작하는 데 필요한 모든 비용을 포함합니다. 이는 임대료, 장비 구매, 인건비, 마케팅 비용 등을 포함할 수 있습니다. 예상 수익은 사업이 수익을 창출하기 시작할 때까지의 기간과 그 후의 수익 추정치를 포함합니다. 수익성 분석은 수익과 비용을 비교하여 사업의 재정 건전성을 평가합니다. 마지막으로, 재정 예측은 사업의 재정 상황을 예측하고, 장래의 성장 전략을 계획하는 데 사용됩니다.

구현 전략 섹션에서는 사업 아이디어를 실행하는 데 필요한 자원과 계획을 정의합니다. 이는 인력 관리 전략, 공급망 관리, 마케팅 전략, 판매 전략 등을 포함할 수 있습니다. 이 섹션에서는 사업의 실행 계획을 상세하게 서술하고 이를 달성하기 위한 구체적인 단계를 제시해야 합니다.

사업 계획서는 사업의 성공을 위한 중요한 도구입니다. 잘 작성된 사업 계획서는 사업 아이디어를 명확하게 전달하고 투자자와 파트너를 유치하는 데 필요한 도구를 제공합니다. 그러므로 사업 계획서 작성에 시간과 노력을 투자하고 필요한 경우 전문가의 도움을 받는 것이 좋습니다. 이를 통해 창업자는 사업의 성공을 위한 강력한 청사진을 만들 수 있습니다.

사업 계획서 예시:
1인 지식창업가를 위한 시니어를 대상으로 하는 온라인 사업

I. 개요 Executive Summary

본 사업은 한국의 시니어 인구를 대상으로 하는 온라인 기반 서비스를 제공하려는 1인 지식창업가에 의해 설립되었습니다. 이 사업의 목표는 시니어 인구의 디지털 분야에서의 능력 향상을 돕는 것이며 연간 3억 원의 수익을 목표로 합니다. 주요 제품은 온라인 교육 및 상담 서비스이며 국내 시니어 인구를 주요 타깃 고객으로 두고 있습니다.

II. 회사 설명 Company Description

본 사업은 1인 창업가에 의해 설립되었으며, 창업자의 지식과 경험을 바탕으로 시니어 인구의 디지털 능력 향상을 돕는 서비스를 제공합니다. 주요 파트너로는 기술 제공자, 교육 자료 제작자, 온라인 마케팅 전문가들이 있습니다.

III. 시장 분석 Market Analysis

시니어 인구는 빠르게 성장하는 고객 세그먼트로 디지털 능력 향상에 대한 수요가 증가하고 있습니다. 시니어들은 디지털 기술에 익숙하지 않지만 그들의 생활에 있어 필수적인 요소로 자리 잡고 있습니다. 이로 인해 이 서비스에 대한 수요가 증가하고 있으며 경쟁사는 주로 전통적인 교육 방식을 이용하는 기관들입니다.

IV. 제품 라인 및 서비스 Product Line and Services

본 사업은 온라인 교육 및 상담 서비스를 제공합니다. 이 서비스는 시니어들이 디지털 기술을 배우고 이해할 수 있도록 돕는 것에 중점을 두고 있습니다. 또한 온라인 상담 서비스를 통해 고객이 필요에 따라 개인화된 지원을 받을 수 있습니다.

V. 마케팅 및 판매 전략 Marketing and Sales Strategy

본 사업은 온라인 광고 및 소셜 미디어를 통해 타깃 고객에게 접근할 예정입니다. 또한 커뮤니티 파트너십을 통해 시니어 인구에게 더욱 쉽게 접근하려고 합니다. 판매 전략은 주로 웹사이트와 소셜 미디어 채널을 통해 이루어질 예정이며 고객은 온라인으로 서비스를 구매할 수 있습니다.

VI. 재무 전망 Financial Projections

이 사업은 초기 투자금을 통해 시작되며 예상 초기 비용은 웹사이트 개발, 마케팅 비용, 교육 자료 제작비 등을 포함합니다. 연간 3억 원의 수익을 달성하려면 꾸준한 고객 유치와 재구매율 유지가 필요합니다. 또한 상담 서비스의 확장을 통해 추가 수익을 창출할 계획입니다.

VII. 구현 전략 Implementation Strategy

이 사업의 구현 전략은 교육 및 상담 서비스의 개발, 온라인 마케팅 캠페인의 실행, 커뮤니티 파트너십의 구축, 그리고 꾸준한 고객 서비스 향상에 초점을 맞추고 있습니다. 이를 통해 본 사업은 시니어 인구의 디지털 능력 향상을 돕고 그들의 삶의 질을 향상시키는 목표를 달성하려고 합니다.

이 사업 계획서는 창업자의 명확한 비전과 경험을 반영하며 시니어를 대상으로 하는 이 사업의 성공 가능성을 보여줍니다. 창업자는 필요한 투자를 유치하고 사업을 성공적으로 시작하고 성장시킬 수 있습니다.

벤자민 프랭클린은 "준비하지 않으면 실패할 준비를 하는 것이다."라고 말했습니다. 이 말은 창업할 때 특히 유효합니다. 이러한 준비의 필수적인 측면은 설득력 있고 효과적인 사업 계획을 수립하는 것입니다. 이 문서는 단순히 투자자를 위한 요건을 넘어 창업의 목표, 전략 및 궤적을 보여주는 기본 청사진 역할을 합니다.

시니어 창업가의 경우 다년간의 경험과 인사이트를 비전, 시장 기회, 고유한 접근 방식, 수익성 및 성장 경로를 간결하고 설득력 있는 사업 계획으로 전환하는 것이 과제입니다.

– DID 대표 송수용 님과의 줌 인터뷰

– 『책 먹는 여자』 최서연 작가님과의 인터뷰

리스크를 넘어서:
위험 분석과 관리

리스크 관리의 중요성

창업은 모험 같은 일이에요. 갑작스럽게 일어나는 문제나 위험한 상황을 마주할 수도 있죠. 이런 리스크를 어떻게 대처하느냐가 창업의 성공을 결정합니다.

창업을 할 때, 우리는 처음에 어떤 위험이 있을지 알아보는 게 중요해요. 돈 문제, 규제 변경, 기술적인 문제, 인력 문제 등 다양한 위험 요소를 고려해야 합니다. 이런 위험들이 혼자서뿐만 아니라 같이 작용해서 우리의 사업에 영향을 줄 수 있어요.

위험을 알아본 다음에는 어떤 위험이 가장 크게 문제가 될 수 있는지, 어떤 위험은 그렇게 크지 않은지를 판단해야 해요. 그런 판단을 바탕으로, 우리는 각 위험에 대해 어떻게 대처할 것인지 계획을 세울 수 있습니다.

위험 관리는 창업 전반에 걸쳐 이루어져야 해요. 위험 관리는 창업이라는 모험에서 안정적으로 성장하고, 불확실한 상황에서도 자신의 사업을 보호하는 데 도움이 됩니다.

위험을 줄이는 방법 중 하나는 더 많은 사람을 고용하거나, 보안 시스템을 강화하는 것입니다. 또는, 한 곳에만 의존하지 않고 다양한 곳에서 자원을 얻는 방법도 있어요. 보험을 가입해서 위험을 다른 곳으로 넘기는 것도 방법입니다.

비즈니스를 운영하면서 여러 가지 업무가 발생합니다. 이런 업무들이 모두 하나의 사람이나 소수의 직원에게 집중되면 그들의 업무 부담은 엄청나게 늘어나게 됩니다. 그 결과로, 그들이 너무나도 바빠서 중요한 일들을 놓치거나 실수를 할 확률이 높아지게 됩니다. 이런 상황은 회사에 위험한 요소가 될 수 있어요. 예를 들어, 중요한 거래나 계약서를 잘못 처리하거나 고객 응대를 소홀히 하게 되면 회사의 신뢰도나 매출에 영향을 미칠 수 있습니다.

더 많은 사람을 고용하면 업무를 분담할 수 있어 각 직원의 업무 부담이 줄어들게 됩니다. 이렇게 되면, 직원들이 자신의 업무에 더욱 집중하고 세심한 주의를 기울일 수 있게 됩니다. 이는 실수를 줄이고, 더욱 효율적인 업무 처리를 가능하게 하며, 결과적으로 회사의 위험 요소를 줄이는 데 도움을 줍니다.

또한, 다양한 역량을 가진 사람들을 고용함으로써 회사의 전반적인 역량도 향상될 수 있습니다. 각기 다른 경험과 지식을 가진 직원들은 새로운 아이디어를 제시하거나 문제를 해결하는 데 도움을 줄 수 있습니다. 이는 회사의 문제 해결 능력을 강화하고, 불확실한 상황이나 예상치 못한 문제에 더욱 잘 대처할 수 있게 합니다.

하지만 고용은 추가적인 비용이 발생한다는 점을 고려해야 합니다. 이러한 비용을 감당할 수 있는지, 그리고 추가 인력이 가져올 효과가 그 비용을 상쇄할 수 있는지를 고려해야 합니다. 이렇게 여러 요소를 고려하면서 최선의 결정을 내리는 것이 중요합니다.

그리고 때로는 위험을 감수해야 할 때도 있어요. 그런 위험은 발생 가능성이 낮거나, 그 결과가 크게 문제가 되지 않을 것 같은 경우입니다. 반면, 매우 위험한 일을 전혀 하지 않는 선택도 가능합니다.

위험 분석 및 효율적인 대응 전략

프로젝트 다양성 부족: 한 명의 창업가가 담당하는 프로젝트가 한 가지뿐이면, 그 프로젝트가 실패할 경우 사업 전체가 위험에 노출됩니다. 이를 방지하기 위해, 다양한 프로젝트나 비즈니스 모델을 고려하는 것이 중요합니다. 각 프로젝트는 서로 다른 시장과 고객층을 대상으로 하며, 이를 통해 전체적인 위험을 분산시킬 수 있습니다.

노동력 부족: 1인 창업가는 모든 업무를 혼자 처리해야 합니다. 이는 업무 부담을 증가시키고, 오버워크로 인한 건강 문제를 야기할 수 있습니다. 이를 방지하려면, 외부 자원을 활용하거나 효율적인 시간 관리를 실천해야 합니다. 프리랜서, 아웃소싱 회사, 인턴 등을 활용하여 업무 부담을 줄일 수 있습니다. 또한, 효율적인 시간 관리 기술을 배우고 실천함으로써 작업 효율성을 높일 수 있습니다.

금융 위험: 1인 창업가는 자금을 모으는 데 어려움을 겪을 수 있습니다. 이는 사업 확장을 제한하고, 긴급한 상황에서 필요한 자금을 마련하

는 데 어려움을 줄 수 있습니다. 이를 방지하려면, 다양한 자금 조달 방법을 고려해야 합니다. 투자자를 찾거나, 정부 지원 프로그램을 활용하거나, 크라우드펀딩을 통해 자금을 조달할 수 있습니다.

기술적 지식 부족: 특히 기술 기반의 사업에서는, 최신 기술 트렌드를 따라잡는 것이 중요합니다. 이를 방지하려면, 지속적인 학습과 연구가 필요합니다. 워크샵, 세미나, 온라인 코스 등을 통해 최신 지식을 습득할 수 있습니다.

법적 위험: 규정과 법률을 지키지 않으면, 과태료, 법적 제재, 심지어는 사업 폐쇄까지 이어질 수 있습니다. 이를 방지하기 위해, 법적인 문제에 대한 이해를 갖고, 필요한 경우 전문가의 도움을 청하는 것이 중요합니다.

건강 위험: 창업은 신체적, 정신적 스트레스를 동반하게 됩니다. 특히 시니어는 젊은 사람들보다 스트레스에 취약할 수 있으며, 이로 인한 건강 문제는 비즈니스를 위협할 수 있습니다. 이를 예방하기 위해서는 규칙적인 운동과 휴식을 통해 스트레스를 관리하고, 건강 상태를 주기적으로 점검해야 합니다. 또한, 일과 취미, 가족과의 시간 등을 균형 있게 배분하여 일상의 만족도를 높이는 것이 중요합니다.

시니어의 1인 지식창업은 잘 계획하고 위험 요소를 철저히 관리한다면 성공적으로 진행될 수 있습니다. 위험 관리는 곧 성공으로 이어질 수 있는 중요한 요소이며, 이를 위해 계속해서 배우고 변화하는 자세가 필요합니다.

팀과 파트너의 역할과 관리

1인 창업이라 하더라도, 협력자나 파트너의 도움을 필요로 합니다. 그것이 공급업체, 컨설턴트, 프리랜서, 혹은 비즈니스 파트너일 수 있습니다. 이들과의 상호작용은 창업자의 비즈니스를 성장시키는 데 결정적인 역할을 합니다.

파트너는 창업자의 비즈니스에 필요한 자원, 전문 지식, 경험 등을 제공합니다. 그들은 창업자가 보유하지 못한 부분을 채워주며, 다양한 시각과 아이디어를 제공하여 비즈니스의 전략적 성장을 돕습니다. 특히 시니어 창업자가 디지털 기술에 익숙하지 않다면, 이를 보완할 수 있는 파트너의 도움은 더욱 중요합니다.

팀 구성원들은 직접적인 업무 수행을 담당하며, 비즈니스의 핵심 역량을 구축하는 데 중요한 역할을 합니다. 그들의 역량과 창의성, 헌신은 기업의 성공에 결정적인 영향을 미칩니다. 그러므로 팀원을 채용하거나 외부 전문가를 고용할 때는 해당 분야의 전문 지식과 역량, 그리고 창업자의 비전과 잘 맞는지를 평가해야 합니다. 파트너와 팀원들을 관리하는 것은 매우 중요한 일입니다. 좋은 관계를 유지하고 효율적으로 협업하기 위해선 명확한 커뮤니케이션, 신뢰 구축, 그리고 적절한 보상이 필요합니다.

커뮤니케이션은 팀과 파트너 관리의 핵심입니다. 창업자의 비전과 목표, 그리고 각자의 역할과 기대치를 명확히 이해시키는 것이 중요합니다. 또한, 피드백과 조언을 적극적으로 수용하고, 서로의 의견을 존중하는 분위기를 만들어야 합니다. 신뢰는 상호간의 관계를 강화하며, 효율적인 협업을 가능하게 합니다. 창업자는 약속을 지키고, 공정하게 대우하며, 개인적인 감정이 비즈니스 결정에 영향을 미치지 않게 해야 합니다. 적절한 보상도 중요합니다. 금전적 보상뿐만 아니라, 명예나 인정, 발전 기회 등도 포함될 수 있습니다. 창업자는 팀과 파트너가 노력과 성과에 대한 충분한 보상을 받을 수 있도록 해야 합니다.

시니어 창업자의 팀과 파트너 관리는 비즈니스의 성공을 결정짓는 중요한 요소입니다. 서로 존중하고 신뢰하며, 효과적으로 소통하고 협업하는 것이 필요합니다.

지금은 비대면 온라인 공부 시장이 활성화되어 있는 시대입니다. 장소에 구애받지 않고 원하는 공부를 할 수 있습니다. 또 가르치는 강사님도 어느 공간에 있든지 줌을 활용하여 자신의 강의를 판매할 수 있습니다. 비록 온라인 네트워크 가상공간이지만 거기에서 많은 사람을 만나게 됩니다. 일회성이 아니고 연속된 학습일 경우엔 함께하는 사람들과의 네트워크 연결도 주시할 필요가 있습니다. 모두 각각의 영역에서 최고의 자리에 계신 분들이 더 열심히 배움에 참여하며 네트워크를 쌓아갑니다. 전 단지 학습으로만 접근하여 그 기회를 활용하지 못했습니다. 나중에 보니 1인 지식창업 분야의 대선배이신 분이었는데, 토론 중에 시간을 지켜야 한다며 그분 말을 자른 적도 있습니다. 지금 생각하면 민망한 노릇입니다. 아마도 그 대선배님은 지금도 저를 괘씸하게 생각할 것입니다. 여러분은 학습의 참여 기회는 곧 네트워크 연결 기회라는 사실을 놓치지 않기를 바랍니다.

1인 지식창업가에게는 협력자나 파트너의 존재가 중요합니다. 시작 지점부터 주변에 보이는 분들을 예사로 넘기지 말고 잘 챙겨 보도록 하세요. 결국은 다 사람이 하는 일입니다.

자금의 힘:
성공적인 지식창업을 위한 자금 마련

지식창업을 위한 자금 마련의 중요성

창업에는 여러 자원이 필요하지만 그중에서도 가장 핵심적인 것이 바로 자금입니다. 자금은 사업의 아이디어를 구체화시키고, 제품이나 서비스를 개발하고, 시장에 진출하고, 그리고 기업을 성장시키는 데 필요한 원동력입니다. 시니어 창업자라면 특히나 이 자금이 퇴직 후의 생활에 영향을 미치지 않도록 신중하게 관리해야 합니다.

첫째로, 자금이 없다면 사업 아이디어를 실현하는 것이 불가능합니다. 제품이나 서비스 개발, 사업 공간 임대, 장비 구입, 마케팅, 인건비 등은 모두 비용이 필요합니다. 이를 위해 충분한 자금을 마련해야 합니다.

둘째로, 재무 안정성은 비즈니스의 생존 가능성을 높여줍니다. 초기 투자 비용 외에도, 상황에 따라 추가적인 비용이 발생할 수 있습니다. 이를 대비해 예비 자금을 준비해두는 것이 좋습니다. 이는 예상치 못한 위험 상황이나 경제 상황의 변동에 대응할 수 있게 해주며, 비즈니스의 안정적인 운영을 돕습니다.

셋째로, 적절한 자금 관리는 비즈니스의 성장을 돕습니다. 자금을 효과적으로 활용하여 수익을 최대화하고, 비용을 최소화해야 합니다. 이를 위해선 재무 상태를 주기적으로 점검하고, 효율적인 예산 관리 전략을 수립해야 합니다.

자금 마련은 여러 방법이 있습니다. 자신의 저축을 사용하거나, 가족이나 친구로부터 빌리거나, 금융 기관에서 대출을 받거나, 투자자를 찾는 방법 등이 있습니다. 각 방법은 장단점이 있으므로, 창업자의 상황과 필요에 따라 선택해야 합니다.

시니어 창업자의 자금 마련과 관리는 비즈니스의 성공과 실패를 결정 짓는 중요한 요소입니다. 충분한 자금을 마련하고, 이를 효과적으로 관리하여 비즈니스의 성장을 돕는 것이 필요합니다.

효율적으로 자금을 조달하는 방법

자기자본: 이는 창업자가 개인적으로 보유하고 있는 자산을 창업에 투자하는 것을 의미합니다. 이 방법의 장점은 외부로부터 자금을 빌릴 필요가 없으므로 이자 비용이나 투자자로부터의 압박을 받지 않는다는 점입니다. 하지만, 만약 사업이 실패한다면 개인의 경제 상태에 큰 타격을 줄 수 있습니다.

가족, 친구, 지인: 가까운 사람들로부터 자금을 조달하는 것은 손쉽고 빠르며, 이자율이 낮거나 이자가 없을 수도 있습니다. 그러나 사업이 잘 안 되거나 돈을 돌려주지 못할 경우 관계가 악화될 수 있습니다.

금융 기관 대출: 은행이나 신용협동조합 등의 금융 기관에서 비즈니스 대출을 받을 수 있습니다. 이 방법은 큰 금액의 자금을 비교적 빠르게 얻을 수 있다는 장점이 있습니다. 그러나 이자 부담과 원금 상환 부담 등이 따릅니다.

투자자 찾기: 엔젤 투자자, 벤처 캐피털, 크라우드 펀딩 등 다양한 투

자자를 통해 자금을 조달할 수 있습니다. 이는 큰 규모의 자금을 얻을 수 있으며, 투자자들이 제공하는 네트워크나 전문 지식 등 추가적인 혜택을 받을 수 있습니다. 그러나 투자를 받는 만큼 일정 부분의 기업 소유권을 넘겨주어야 하며, 투자자의 기대치나 요구 사항에 부응해야 합니다.

정부 지원금 및 보조금: 다양한 정부 기관에서 창업자들을 지원하기 위해 지원금이나 보조금, 저리 대출 등의 프로그램을 운영하고 있습니다. 이는 창업 초기에 큰 도움이 될 수 있습니다. 그러나 지원을 받기 위한 절차가 복잡하고 경쟁이 치열할 수 있습니다.

이렇듯 여러 자금 조달 방법이 있지만, 창업자가 자신의 사업 모델과 재무 상태, 비즈니스 계획 등을 고려하여 가장 적합한 방법을 선택해야 합니다. 또한 자금을 효율적으로 사용하고 관리하는 것도 중요합니다. 이를 위해선 명확한 재무 계획과 예산 관리 전략이 필요합니다. 이런 노력을 통해 창업자는 자금 부족 문제를 해결하고, 비즈니스의 성장을 돕는 기반을 마련할 수 있습니다.

자금 운용 전략과 재무 관리

자금을 효과적으로 운용하는 것은 창업의 성공을 결정짓는 핵심적인 요소 중 하나입니다. 창업자는 초기 투자비용, 운영비용, 비상 자금 등을 계획하고, 이를 효율적으로 배분해야 합니다. 이는 자금의 흐름을 이해하고, 비용을 관리하며, 불필요한 지출을 줄이는 것을 포함합니다.

자금 운용 전략: 자금 운용 전략은 창업 초기부터 중요합니다. 가장 먼저 필요한 것은 비즈니스 계획서를 작성하는 것입니다. 이는 비즈니스의 목표, 방향성, 예상 수입과 지출 등을 명확히 하고, 이에 따라 자금을 어떻게 배분할지를 계획하는 데 도움을 줍니다.

창업 초기 단계에서는 자금의 대부분을 제품 개발이나 서비스 구축에 사용하는 것이 일반적입니다. 그 후에는 시장 진출과 마케팅, 영업 확장 등에 자금을 더 많이 투자해야 할 수도 있습니다. 이러한 결정은 비즈니스의 성장 단계와 목표, 시장 상황 등을 고려하여 신중하게 이루어져야 합니다.

재무관리의 핵심적인 부분은 효율적인 자금 운용 전략입니다. 첫 단계는 비즈니스 모델을 이해하고, 초기 투자비용, 운영비용, 그리고 예상되는 수익을 계산하는 것입니다. 이를 통해 예상되는 손익 분기점을 파악하고, 비용이 수익을 초과하는 시점을 예측할 수 있습니다.

두 번째 단계는 적절한 자금 배분입니다. 자금은 제품 개발, 시장 연구, 마케팅, 인력 관리 등 여러 부분에 필요합니다. 각 부문의 중요도에 따라 자금을 배분하는 것이 중요합니다. 예를 들어, 제품 개발이 초기 단계에서 중요하다면 초기 자금의 대부분을 그곳에 집중하는 것이 효율적일 것입니다.

세 번째 단계는 비상 자금을 준비하는 것입니다. 비즈니스는 항상 예측할 수 없는 위험과 도전을 안고 있습니다. 그러므로 항상 비상 자금을 준비해 두어야 합니다. 이는 예상치 못한 비용 증가나 수익 감소를 대비할 수 있는 뒷받침이 됩니다.

재무 관리: 재무 관리는 자금 운용 전략을 실행하고, 비즈니스의 재무 상태를 모니터링하는 데 필요합니다. 이는 수익과 지출, 현금 흐름, 이익률 등의 재무 지표를 주기적으로 확인하고 분석하는 것을 포함합니다.

재무 관리는 또한 예상치 못한 위험 상황에 대비하는 데도 중요합니다. 예를 들어, 시장 환경이 변하거나, 경쟁이 격화되거나, 비용이 증가하는 등의 상황에서는 추가적인 자금이 필요할 수 있습니다. 이를 대비해 예비 자금을 준비해두는 것이 좋습니다.

재무 관리에는 또한 비용 절감도 포함됩니다. 이는 불필요한 지출을 줄이고, 비용 효율성을 높이는 것을 목표로 합니다. 예를 들어, 공정 효율을 높이거나, 저렴한 재료를 찾거나, 에너지 절약 방법을 적용하는 등의 방법이 있습니다.

재무 관리는 단순히 돈을 관리하는 것 이상의 의미를 가집니다. 그것은 수익, 지출, 현금 흐름 등의 재무 상태를 주기적으로 분석하고, 이를 통해 비즈니스의 재무 건강성을 평가하고 개선하는 과정입니다.

재무 관리의 첫 번째 단계는 정기적인 재무 분석입니다. 이를 통해 창업자는 수익성, 유동성, 재무 안정성 등의 재무 지표를 이해하고, 이를 통해 재무 상태를 개선할 수 있는 방법을 찾을 수 있습니다.

두 번째 단계는 비용 효율성을 높이는 것입니다. 이는 불필요한 지출을 줄이고, 리소스를 최적화하며, 비용 대비 효율을 높이는 것을 목표로 합니다. 이를 위해 생산 프로세스를 개선하거나, 불필요한 비용을 찾아내거나, 비용 절감 방안을 모색할 수 있습니다.

세 번째 단계는 장기적인 재무 계획을 수립하는 것입니다. 이를 통해 창업자는 사업 확장, 투자, 대출 상환 등의 장기적인 결정을 계획하고 준비할 수 있습니다. 이는 재무 안정성을 유지하고, 비즈니스의 성장을 지원하는 데 필요합니다.

이상과 같이, 효과적인 자금 운용 전략과 재무 관리는 비즈니스의 성장과 안정성을 지원합니다. 이를 위해 창업자는 재무에 대한 깊은 이해와 신중한 계획, 그리고 지속적인 관리가 필요합니다. 이런 노력을 통해 창업자는 경제적으로 건강한 비즈니스를 운영하고, 경쟁력을 갖추게 될 것입니다.

3-5

비전을 현실로:
사업 계획서 작성하기

사업 계획서의 중요성과 작성 방법

사업 계획서의 중요성: 사업 계획서는 창업자가 자신의 사업 아이디어를 구체화하고, 그 구현을 계획하는 데 중요한 도구입니다. 또한, 이는 투자자, 은행, 그리고 다른 이해 관계자들에게 사업의 가치와 잠재력을 보여주는 수단이기도 합니다. 사업 계획서는 다음과 같은 이유로 중요합니다.

목표 설정: 사업 계획서를 통해 창업자는 사업의 장기적, 단기적 목표를 명확히 설정할 수 있습니다. 이는 창업자가 사업의 방향을 결정하고,

중요한 의사결정을 내리는 데 도움을 줍니다.

자금 조달: 사업 계획서는 투자자나 금융 기관에게 비즈니스의 가치와 잠재력을 보여주는 데 중요합니다. 이를 통해 창업자는 필요한 자금을 조달할 수 있습니다.

위험 관리: 사업 계획서를 작성하면서, 창업자는 시장 분석, 경쟁사 분석, SWOT 분석 등을 통해 사업의 잠재적 위험을 인식하게 됩니다. 이를 통해 창업자는 이러한 위험을 관리하고 대응할 수 있는 전략을 수립할 수 있습니다.

사업 계획서 작성 방법: 사업 계획서를 작성하는 데는 몇 가지 주요 단계가 있습니다.

사업 아이디어 정리: 사업 계획서의 첫 단계는 창업자의 사업 아이디어를 명확히 정리하는 것입니다. 이는 창업자가 제공하려는 제품이나 서비스, 그리고 그것의 가치를 명확히 정의하는 것을 포함합니다.

시장 분석: 시장 분석은 창업자가 사업 환경을 이해하는 데 중요합니다. 이는 고객의 니즈와 행동, 경쟁사의 전략과 성과, 그리고 시장의 전

반적인 트렌드를 분석하는 것을 포함합니다. 이를 통해 창업자는 사업의 위치를 정할 수 있습니다.

마케팅 전략: 이 단계에서 창업자는 제품이나 서비스를 어떻게 판매할 것인지를 계획합니다. 이는 가격 설정, 프로모션 전략, 판매 채널 등을 포함합니다.

운영 계획: 운영 계획은 사업의 일상적인 운영을 계획하는 것입니다. 이는 생산, 재고 관리, 인력 관리 등을 포함합니다.

재무 계획: 이는 창업자가 필요한 초기 자금, 예상되는 수익과 지출, 그리고 손익 분기점 등을 계산하는 것을 포함합니다.

사업 계획서는 창업의 기본 틀을 제공하며, 창업자가 사업을 관리하고 성장시키는 데 필요한 가이드라인을 제공합니다. 이를 통해 창업자는 비즈니스를 안정적으로 운영하고, 장기적인 성장을 도모할 수 있습니다. 이러한 이유로, 사업 계획서는 1인 지식창업에서 매우 중요한 부분입니다.

사업 계획서를 통한 비즈니스 모델 검증

비즈니스 모델 검증은 시장의 수요와 고객의 요구를 충족시킬 수 있는 사업 모델인지 확인하는 과정입니다. 이 과정을 통해 창업자는 제품이나 서비스의 가치 제안, 고객 세분화, 수익원 등 핵심 요소를 평가할 수 있습니다.

이는 창업 초기 단계에서 실질적인 문제를 해결하고, 비즈니스를 성공적으로 확장할 수 있는 기회를 제공합니다. 또한, 비즈니스 모델 검증을 통해 창업자는 불필요한 시간과 자원의 낭비를 방지하고, 투자자로부터의 신뢰를 얻을 수 있습니다.

사업 계획서를 작성함으로써 창업자는 비즈니스 모델을 체계적으로 검토하고 분석할 수 있습니다. 이는 창업자가 자신의 비즈니스 아이디어를 더욱 명확하게 이해하고, 사업의 장단점, 잠재적인 위험, 그리고 시장의 기회를 파악하는 데 도움이 됩니다.

다음은 온라인 교육 플랫폼을 위한 사업 계획서의 예시입니다.

항목	내용
회사소개	비전, 업종, 연락처, 소재지 등
사업 아이디어	60세 이상의 시니어를 대상으로 한 온라인 교육 플랫폼 제공
시장 분석	시니어들의 디지털 기술 습득에 대한 수요 증가, 온라인 교육 시장의 성장
제품/서비스	컴퓨터 기초, 스마트폰 사용법, SNS 활용 등 다양한 교육 콘텐츠 제공
가치 제안	집에서 편리하게 학습할 수 있는 온라인 교육 플랫폼, 시니어를 위한 맞춤형 콘텐츠
고객 세분화	디지털 기술을 배우고자 하는 60세 이상의 시니어
수익원	월별/연별 이용료, 광고 수익, 기업 스폰서십
마케팅 전략	SNS를 통한 홍보, 커뮤니티 파트너십, 입소문 마케팅

이 예시를 통해 창업자는 사업의 주요 요소와 그에 따른 가치를 명확하게 이해하고 평가할 수 있습니다. 또한, 사업 계획서를 통해 창업자는 자신의 비즈니스 모델이 시장에서 경쟁력을 가질 수 있는지를 검증할 수 있습니다.

사업 계획서를 통한 비즈니스 모델 검증은 시니어 창업자가 사업의 성공 가능성을 높이는 데 큰 도움이 됩니다. 이 과정에서 창업자는 비즈니스의 핵심 가치를 명확하게 정의하고, 시장의 기회를 적극적으로 활용할 수 있습니다.

사업 계획서를 활용한 장기적 전략 설정

사업 계획서는 기업의 비전, 목표, 전략 등을 정리하고, 이를 효과적으로 실행하기 위한 방법을 제시합니다. 이는 창업자가 사업의 전체적인 방향성을 설정하고, 사업의 성장을 위해 필요한 자원을 계획하는 데 중요합니다.

장기적 전략은 사업의 성장과 지속 가능성을 보장하는 데 필수적입니다. 이는 기업이 시장 변화에 대응하고, 경쟁 우위를 확보하며, 성장 기회를 최대한 활용할 수 있도록 돕습니다. 사업 계획서를 통해 창업자는 사업의 장기적 전략을 설정하고, 이를 실행하기 위한 세부 계획을 수립할 수 있습니다.

예를 들어, 시니어를 대상으로 한 온라인 교육 플랫폼 사업을 계획하는 경우, 장기적 전략은 다음과 같을 수 있습니다.

장기적인 비전: "우리는 모든 시니어가 디지털 기술을 편리하게 학습하고 이해할 수 있는 환경을 제공하겠습니다."
경쟁 우위 설정: "우리는 시니어 친화적인 사용자 인터페이스와 맞춤형 교육 콘텐츠를 제공함으로써 경쟁사와 차별화될 것입니다."

사용자 인터페이스는 사람과 기계 사이의 상호작용을 가능하게 만드는 모든 방식을 포함합니다. 이것은 버튼을 누르거나, 슬라이더를 움직이거나, 텍스트를 입력하거나, 음성 명령을 내리는 등의 다양한 방식으로 이루어질 수 있습니다. 가장 일반적으로, 이는 디지털 환경에서의 상호작용을 의미하는 경우가 많습니다.

예를 들어, 스마트폰, 컴퓨터, ATM기, 자동차의 정보 시스템 등과 같이 사용자가 디지털 기기를 사용하면서 경험하는 모든 상호작용이 사용자 인터페이스에 속합니다. 이는 화면에 표시되는 아이콘, 텍스트, 버튼, 이미지 등을 조작하여 특정 명령을 내리거나 정보를 얻는 방식을 포함합니다.

따라서 "시니어 친화적인 사용자 인터페이스"는 어떤 기술이나 디지털 제품을 사용할 때 시니어(노인)들이 사용하기 쉽고 편리하도록 설계된 방식을 의미합니다. 이는 글씨 크기가 크거나, 명확한 아이콘을 사용하거나, 간단하고 직관적인 메뉴 구조 등을 통해 구현될 수 있습니다.

성장 전략: "우리는 교육 콘텐츠를 지속적으로 확장하고, 다양한 학습 도구와 리소스를 제공함으로써 시니어들의 지속적인 학습을 지원하겠습니다."

사업 계획서를 통해 장기적 전략을 설정한 후에는, 이를 실행하기 위한 세부 계획을 수립해야 합니다. 이는 다음과 같은 요소를 포함할 수 있습니다.

자원 계획: 필요한 인력, 자금, 기술 등의 자원을 정의하고, 이를 어떻게 확보하고 관리할지 계획합니다.

마케팅 전략: 시장 세분화, 타깃 고객 정의, 가격 설정, 프로모션 전략 등을 포함하는 마케팅 계획을 수립합니다.

운영 계획: 제품 개발, 생산, 배송, 서비스 제공 등의 일상적인 운영을 계획합니다.

재무 계획: 예상되는 수익과 지출, 필요한 투자, 수익성 분석 등의 재무 계획을 수립합니다.

사업 계획서는 창업자가 장기적 전략을 설정하고, 이를 성공적으로 실행하기 위한 가이드라인을 제공합니다. 이를 통해 창업자는 자신의 비즈니스를 안정적으로 운영하고, 장기적인 성장을 도모할 수 있습니다. 따라서 사업 계획서를 통한 장기적 전략 설정은 1인 지식창업에서 매우 중요한 부분입니다.

TIP

지식과 경험 활용: 당신이 가장 잘 아는 분야에서 비즈니스 아이디어를 찾는 것이 중요합니다. 이렇게 하면 더 효과적으로 경쟁력을 발휘하고, 빠르게 시장에 진입할 수 있습니다.

시장의 수요 조사: 여러분의 비즈니스 아이디어가 시장의 수요를 충족하는지 확인하는 것이 핵심입니다. 이미 비슷한 제품이나 서비스가 많다면, 새로운 시장을 창출하거나 기존 시장에서 독특한 가치를 제공하는 방법을 찾아야 합니다.

비즈니스 모델 세우기: 비즈니스 아이디어만큼 중요한 것이 비즈니스 모델입니다. 이는 비즈니스가 어떻게 돈을 벌 것인지를 결정합니다. 제품이나 서비스가 어떤 가치를 제공하고, 그 가치를 어떻게 돈으로 전환할 것인지를 명확하게 설계해야 합니다.

지속적인 모니터링과 개선: 세상은 계속 변하고, 고객의 요구와 시장의 상황도 변합니다. 비즈니스 모델을 한 번 만든다고 해서 끝나는 것이 아닙니다. 지속적으로 모니터링하고 필요하다면 비즈니스 모델을 수정하거나 개선해야 합니다.

리스크 관리: 창업에 있어 가장 중요한 첫 단계는 잠재적인 위험을 식별하고 분석하는 것입니다. 위험을 인식하고 분석한 후, 그에 대응하는 적절한 관리 전략을 세우는 것이 필요합니다.

린 스타트업 방식을 활용: 투자 및 운영 비용을 최소화하고 안정적인 수익을 창출할 수 있는 비즈니스 모델을 구축합니다. 린 스타트업은 가능한 빨리 '최소한의 실행 가능 제품'을 만들어 고객의 반응을 테스트하는 것을 강조합니다. 그리고 제품이 해결하려는 문제가 실제로 고객에게 중요한 문제인지를 검증할 수 있습니다.

유능한 팀 구성과 효과적인 관리: 팀원들은 비즈니스의 핵심 역량을 구축하는 데 필요한 기술, 창의성, 헌신을 갖추고 있어야 합니다. 비전과 목표를 공유하고 피드백을 환영하는 환경을 조성하세요.

자금 조달 방법을 다양화: 회사의 상황과 필요에 따라 자기자본, 대출, 투자자, 정부 보조금 등 다양한 자금 조달 방법을 평가하고 활용하세요.

탄탄한 자금 관리 전략: 비즈니스 성장 단계, 목표, 시장 상황을 고려하여 효율적으로 자금을 계획하세요.

사업 계획을 준비하고 비즈니스 모델을 검증하기: 사업 계획을 통해 비즈니스 아이디어를 구체화하고, 실행 가능성을 검증하고, 잠재 투자자에게 비즈니스의 가치와 잠재력을 보여주세요.

장기적인 전략을 수립하세요: 회사의 비전, 목표, 전략을 개괄적으로 설명하는 것은 비즈니스의 전반적인 성장과 지속 가능성을 이끄는 핵심 요소입니다.

◈ 나의 타깃 고객 작성하기

◈ 나의 콘텐츠 파악하기

✷ 나의 콘텐츠에 적절한 가격 제시해 보기

콘텐츠	적정 가격

✷ 활용 가능한 홍보, 마케팅 방법 작성하기

콘텐츠	마케팅 방법

1. 공부, 배움 관련 플랫폼

  - 클래스 유

  - 클래스 101

  - 탈잉

  - 크몽

  - 라이프해킹스쿨

  - Edupresso Live Class

  - MKYU

  - 1인기업CEO과정

  - Udemy

  * 이외에도 많지만 너무 많아도 결정을 못한다.

2. SNS 채널: 소통 역할(커뮤니티 겸 홍보)

  - 블로그

  - 인스타그램

  - 페이스북

  - 오픈 카카오톡방

  - 온라인카페

  - 유튜브

3. 필요한 도구 익히기

- zoom
- 디지털 마인드맵
- 캔바 or 미리캔버스(이미지 편집)
- 캡컷(영상 편집)
- vrew: AI영상
- 챗gpt

* 기타 자신의 일과 관련하여 추가하여 익힌다.

4. 스타트업 미디어 채널

- 아웃스탠딩
- 플랫텀
- 모비 인사이드
- 벤처스퀘어

4장

끝나지 않는 도전:
지식창업의 **성장과 혁신**

확실한 마케팅과 모멘텀 유지

성공적인 마케팅 전략의 필수 요소

기업가의 길은 변화와 함께 지속적인 성장과 혁신이 필요한 끝없는 도전입니다. 마케팅은 세상에 가치를 전달하는 방식을 형성하는 중요한 요소로 부상하고 있습니다. 스타트업의 마케팅 전략의 효과는 종종 시장침투, 브랜드 인지도와 궁극적으로 성공을 결정합니다.

1인 지식창업을 성공적으로 론칭하고 유지해 온 한국의 노련한 시니어 창업가 김재호(가명) 대표에게 얻은 인사이트를 통해 성공적인 마케팅 전략의 핵심 요소에 대해 알아보겠습니다.

고객 이해하기: 김재호 씨는 자신의 교육 기술 창업을 시작할 때, 타깃 고객들이 원하고 좋아하는 것을 충족시키는 제품이야말로 사랑받을 수 있다는 걸 알고 있었어요. 그래서 그는 잠재적인 고객들이 원하는 것이 무엇인지, 어떤 점이 불만인지, 어떤 소비 습관을 가졌는지, 무엇을 선호하는지 등을 알아내기 위해 철저한 시장 조사를 했습니다. 이런 이해력은 제품을 고객 맞춤형으로 만들고, 마케팅 메시지를 더 명확하게 하는 데 도움이 되었죠.

독특한 가치 제안 만들기: 고객에 대한 깊은 이해를 바탕으로, 김 대표는 자신의 제품이 가진 장점, 고객의 필요를 어떻게 충족시키는지, 경쟁사와 어떻게 다른지를 명확하게 전달하는 독특한 가치 제안을 만들었습니다. 예를 들어, 만약 제품이 어린이용 코딩 교육 프로그램이라면, "우리 제품은 간단하고 재미있는 게임 형식으로 어린이들이 코딩을 쉽게 배울 수 있게 해줘요. 그래서 경쟁사들의 어려운 교육 방식과는 달라요." 같은 식입니다. 그는 이런 제안을 모든 마케팅 활동의 중심에 두고, 자신의 스타트업이 어떤 가치를 제공하는지 일관되게 알렸습니다.

다양한 채널 활용: 김 대표는 성공적인 마케팅 전략을 위해서는 고객이 있는 곳에서 고객을 만나야 한다는 것을 잘 알고 있었습니다. 따라서 온라인 플랫폼, 소셜 미디어, 이메일 마케팅, 콘텐츠 마케팅, 파트너십

네트워크, 심지어 지역 커뮤니티 이벤트와 같은 오프라인 채널까지 다양한 채널을 활용했습니다. 이러한 멀티채널 접근 방식은 더 넓은 도달 범위와 고객 참여를 위한 더 많은 접점을 보장했습니다.

시장 도달을 위한 파트너십 구축: 전략적 파트너십은 김 대표의 마케팅 전략에서 중요한 역할을 했습니다. 그는 이러닝 플랫폼 및 교육 기관과의 협업을 통해 제품을 위한 플랫폼을 제공했을 뿐만 아니라 시장 도달 범위를 크게 확장했습니다. 또한 이러한 파트너십은 스타트업에 대한 신뢰도를 높여 브랜드 가치를 향상시켰습니다.

혁신과 적응력 수용: 김 대표의 활동에서 얻은 교훈 중 하나는 마케팅 전략이 고정되어서는 안 된다는 것입니다. 그는 시장 동향, 고객 피드백, 마케팅 활동의 성과를 지속적으로 추적하여 필요에 따라 전략을 조정했습니다. 그는 혁신적인 마케팅 도구와 기법을 수용하여 스타트업이 항상 앞서 나갈 수 있도록 했습니다.

고객 관계 구축: 마지막으로 김 대표는 고객 유치뿐만 아니라 고객 유지에도 집중했습니다. 그는 고객과 소통하고, 피드백을 구하고, 우려 사항을 해결하고, 유익한 콘텐츠와 우수한 고객 서비스를 통해 고객에게 가치를 제공했습니다. 이러한 접근 방식은 고객 기반을 유지하는 데 도

움이 되었을 뿐만 아니라 고객을 브랜드 옹호자로 만들었습니다.

김 대표의 비즈니스에서 알 수 있듯이 1인 지식창업의 마케팅은 잠재 고객을 이해하고, 고유한 가치 제안을 전달하고, 다양한 채널을 활용하고, 전략적 파트너십을 구축하고, 적응력을 유지하고, 고객 관계에 집중하는 등 전략적으로 조화를 이루어야 합니다. 창업 마케팅의 복잡한 환경을 헤쳐 나가는 것은 어려운 일이지만, 이러한 요소를 전략에 포함한다면 그 도전은 성장과 혁신의 흥미로운 과정이 될 수 있습니다.

모멘텀 유지: 시니어 지식창업에서 출시 후 활동의 중요성

제품이나 서비스를 사람들에게 처음 소개하는 것이 스타트업의 시작점이라면, 그 다음 단계는 그 제품이나 서비스가 얼마나 잘 팔릴지, 그리고 사람들이 얼마나 잘 받아들일지를 보는 것입니다. 이 단계에서는 스타트업이 제품을 더 많은 사람들에게 알리고, 그들이 제품을 좋아하게 만들면서 성장의 기초를 다질 수 있습니다. 이 단계에서는 제품이나 서비스가 계속해서 사람들에게 인기를 끌 수 있도록 모멘텀을 유지하는 것이 중요합니다.

고객과의 소통: 출시 후 단계는 스타트업에게 고객과 소통할 수 있는

실질적인 첫 번째 기회를 제공합니다. 김 대표는 이 점을 이해하고 다양한 채널을 통해 고객과 소통하기 위한 노력을 시작했습니다. 문의에 응답하고, 불만 사항을 해결하고, 고객 피드백을 적극적으로 요청하고 소중히 여겼습니다. 이러한 참여는 고객이 가치 있다고 느끼도록 돕고 김 대표에게 제품 개선에 필요한 귀중한 인사이트를 제공한다는 두 가지 목적을 달성했습니다.

제품 성능 측정: 출시 후에는 실제 시장에서 제품의 성능을 모니터링하는 것이 중요합니다. 김 대표는 판매 데이터, 고객 리뷰, 사용 패턴을 면밀히 추적했습니다. 이러한 인사이트는 활용해야 할 강점과 개선이 필요한 부분을 파악하는 데 도움이 되었습니다.

반복과 혁신: 고객 피드백과 제품 성능 데이터에서 얻은 인사이트를 바탕으로 김 대표는 제품에 필요한 조정을 수행했습니다. 버그 수정, 사용자 경험 개선, 새로운 기능 추가 등 고객의 요구를 더 잘 충족하기 위해 지속적으로 제품을 업데이트했습니다. 버그 수정이라는 것은, 제품에 있는 작은 문제나 오류를 고치는 것을 말합니다. 예를 들어, 컴퓨터 프로그램에서 어떤 기능이 제대로 동작하지 않거나, 예상치 못한 방식으로 동작한다면, 그것은 버그라고 볼 수 있습니다. 김 대표는 이런 버그들을 찾아서 고쳐, 제품이 더 잘 작동하게 만들었습니다. 또한, 사용자 경험

을 개선하기 위해 제품을 바꾸었습니다. 이는 제품을 사용하는 사람들이 더 편리하고 만족스럽게 사용할 수 있도록 하는 것입니다. 새로운 기능 추가는 제품이 새롭게 할 수 있는 일을 늘리는 것을 말합니다. 이를 통해 고객들이 제품을 더 다양하게 활용할 수 있게 되었습니다. 이 모든 변화와 개선들은 고객들이 원하는 것을 더 잘 제공하기 위해서 이루어진 것입니다. 그리고 이런 노력이 제품이 계속해서 인기를 유지하는 데 도움을 주었습니다. 이러한 끊임없는 혁신이 출시 후에도 모멘텀을 유지하는 비결입니다.

지속적인 마케팅 노력: 성공적인 출시로 스타트업이 힘차게 출발할 수 있지만, 모멘텀을 유지하려면 지속적인 마케팅 노력이 필요합니다. 김 대표는 출시 전에는 효과가 있었던 마케팅 활동이 출시 후에는 효과가 떨어질 수 있다는 것을 잘 알고 있었습니다. 그래서 그는 다양한 마케팅 전략을 지속적으로 테스트하고 그 효과를 평가하여 그에 맞게 조정했습니다. 예를 들어, 김 대표는 다음과 같은 일들을 했어요.

소셜 미디어 광고: 페이스북, 인스타그램, 트위터 같은 소셜 미디어 플랫폼에서 광고를 진행했어요. 특정 연령대나 관심사를 가진 사람들을 대상으로 광고를 보내기도 했고, 이로 인해 많은 사람들이 제품을 알게 됐죠.

이메일 마케팅: 고객들에게 제품 업데이트나 새로운 기능, 특별 할인 정보 등을 이메일로 전달했어요. 이를 통해 기존 고객들과의 연결을 유지하고 새로운 고객을 모집했죠.

블로그와 콘텐츠 마케팅: 제품에 대한 유익한 정보나 팁, 가이드를 공유하는 블로그를 운영했어요. 이를 통해 고객들에게 가치를 제공하면서 브랜드의 신뢰성을 높였죠.

파트너십과 협업: 다른 기업이나 브랜드와 협업하거나 파트너십을 맺어서 서로의 고객 기반을 확장했어요. 이를 통해 새로운 고객을 얻고 브랜드 인지도를 높였죠.

이런 다양한 방법을 통해 김 대표는 계속해서 마케팅에 힘썼고, 그 결과로 스타트업의 성장을 이끌어냈습니다.

파트너십 구축 및 활용: 성공적인 출시 이후에도 김 대표는 전략적 파트너십을 지속적으로 구축하고 활용했습니다. 그는 이러닝 플랫폼 및 교육 기관과의 협업을 통해 출시 후 모멘텀을 유지하기 위한 핵심 요소인 가시성과 도달 범위를 유지하는 데 도움이 되었습니다.

성장을 위한 계획: 마지막으로, 출시 후 당면한 과제를 처리하는 동안에도 김 대표는 미래를 주시했습니다. 그는 출시 후 단계를 사용하여 출시와 초기 시장 반응에서 얻은 교훈을 통합하여 성장 전략을 구체화했습니다. 이러한 선견지명은 그의 스타트업이 당장의 상황에만 반응하지 않고 장기적인 비전에 부합하는 방향으로 나아갈 수 있도록 해주었습니다.

1인 지식 스타트업의 출시 후 단계는 끝이 아니라 새로운 시작입니다. 배우고, 적응하고, 성장하는 시기입니다. 김 대표의 경우에서 알 수 있듯이 고객과의 소통, 제품 성과 모니터링, 혁신, 마케팅, 파트너링, 성장 계획 수립은 출시 후 활동의 중요한 요소입니다. 이러한 영역에 집중함으로써 1인 시니어 기업가는 성공적인 출시로 창출된 모멘텀을 유지할 수 있을 뿐만 아니라 스타트업을 지속적인 성장과 성공의 길로 이끌 수 있습니다.

인정과 신뢰의 다리 구축하기: 1인 시니어 스타트업의 브랜드 인지도와 고객 충성도를 높이기 위한 전략

브랜드 인지도와 고객 충성도는 성공적인 스타트업의 구조를 뒷받침하는 두 가지 중요한 기둥입니다. 경쟁이 치열한 시장 환경에서 고객의 마음속에 브랜드를 각인시키는 것은 어려운 일입니다. 하지만 일단 브랜드 인지도와 고객 충성도를 확보하면 지속적인 성장의 원동력이 됩니다. 이 글에서는 김재호(가명) 대표의 성공적인 과정을 바탕으로 브랜드 인지도를 높이고 고객 충성도를 높일 수 있는 전략을 설명합니다.

고유한 브랜드 아이덴티티 만들기: 브랜드 인지도를 높이기 위해서는 브랜드 아이덴티티를 정의하는 것에서 시작됩니다. 김 대표는 스타트업의 핵심 가치와 제안을 반영하는 고유한 브랜드 아이덴티티를 만드는 데 많은 시간과 고민을 투자했습니다. 그리고 이 아이덴티티가 모든 채널에서 일관되게 표현되도록 하여 고객들의 의식 속에 브랜드를 점차적으로 각인시켰습니다.

콘텐츠 마케팅의 힘 활용: 김 대표는 콘텐츠 마케팅을 활용하여 브랜드 인지도를 높였습니다. 그는 타깃 고객의 공감을 불러일으키는 유익하고 매력적인 콘텐츠를 정기적으로 공유했습니다. 여기에는 블로그 게시물, 동영상, 웨비나, 소셜 미디어 업데이트가 포함되었으며, 모두 브랜드 아이덴티티에 부합했습니다.

SEO 전략 최적화: 김 대표는 자신의 브랜드가 최대한 많은 잠재 고객에게 도달할 수 있도록 SEO 전략을 활용했습니다. 그는 웹사이트와 온라인 콘텐츠가 관련 키워드로 최적화되도록 하여 검색 엔진 결과에서 가시성을 확보하고 브랜드 인지도를 높일 수 있도록 했습니다.

개인화된 경험으로 고객 참여 유도: 고객 충성도를 높이기 위해 고객에게 개인화된 경험을 제공하는 데 주력했습니다. 그는 데이터 분석을 통해 개별 고객의 선호도를 파악하고 그에 따라 커뮤니케이션과 서비스를 맞춤화했습니다.

탁월한 고객 서비스 제공: 탁월한 고객 서비스는 고객 충성도를 구축하는 가장 강력한 도구 중 하나입니다. 김 대표는 고객의 문의와 불만 사항을 신속하고 효과적으로 처리하여 고객이 가치 있고 보살핌을 받고 있다는 느낌을 받을 수 있도록 했습니다.

고객 로열티 프로그램 시행: 고객 로열티 프로그램을 도입하여 단골 고객에게 특별한 혜택을 제공했습니다. 이를 통해 재구매를 유도할 뿐만 아니라 고객에게 감사함을 느끼게 하여 고객 충성도를 강화했습니다.

고객 피드백 구하기: 김 대표는 정기적으로 고객의 피드백을 구하며 고객의 니즈를 더 잘 충족시키겠다는 의지를 보여주었습니다. 그는 이러한 피드백을 제품 및 서비스 개선에 활용하여 고객의 선호도에 따라 제

품을 발전시켰습니다.

　　1인 시니어 스타트업에서 브랜드 인지도를 높이고 고객 충성도를 높이려면 전략적 계획, 일관된 브랜딩, 능숙한 마케팅, 개인화된 고객 참여, 지속적인 개선 노력이 필요합니다. 시니어 기업가는 이러한 전략을 수용함으로써 고객이 신뢰하고 충성도를 유지할 수 있는 인지도가 높은 브랜드를 만들어 지속적인 성공의 길을 열 수 있습니다.

- 『돈 되는 방구석 1인 창업』 박서인 대표님과의 인터뷰

지식 기반 제품/서비스의 가격 및 고객 관리

가치 해독: 지식 기반 창업에서 가치 기반 가격 책정의 필요성

현재 기술이 빠르게 발전하고 있는 시기에, 1인 지식창업이 경제의 풍경을 바꾸고 있습니다. 이런 지식창업은 주로 지식과 고급 기술을 활용한 제품이나 서비스를 만들어냅니다. 이러한 제품과 서비스는 일반적으로 물리적인 자산이 아니라, 머릿속에 있는 아이디어와 기술로 만들어진 것입니다.

이런 제품이나 서비스를 팔 때, 지식창업가는 종종 가치 기반 가격 책정이라는 방법을 사용합니다. 이것은 제품의 가격을 그 제품이 고객에게 얼마나 큰 가치를 제공하는지에 따라 결정하는 방법입니다. 예를 들어, 제품이 고객의 일을 많이 더 쉽게 해준다면, 그 제품은 고객에게 큰 가치를 제공하는 것이므로, 높은 가격을 요구할 수 있습니다.

이 방법은 제품을 만드는 데 드는 비용이나 다른 비슷한 제품들이 얼마에 팔리는지 등을 기반으로 가격을 정하는 기존의 방식보다는, 고객이 얼마나 많은 가치를 받을 수 있는지를 중점으로 두는 것입니다. 이런 방식은 고객이 제품이 제공하는 가치에 대해 돈을 내는 것에 행복해할 것이라는 생각을 바탕으로 합니다.

이렇게 지식과 기술을 기반으로 한 지식창업가들은 독특한 시장에서 활동하고 있습니다. 그들이 만드는 제품이나 서비스는 물리적인 자산이 아니라 지식과 기술에 기반을 두고 있기 때문에, 이런 제품의 가치를 판단하는 것은 종종 복잡합니다. 그래서 그들이 제공하는 가치를 제대로 이해하고, 그에 맞는 가격을 정하는 것이 중요합니다.

온라인 과정, eBook 또는 컨설팅 서비스와 같은 아이디어나 정보를 기반으로 하는 제품이나 서비스를 판매하려면 가격을 선택해야 합니다. 올바른 가격을 선택하는 것은 까다로울 수 있습니다. 청구 대상을 결정할 수 있는 세 가지 방법은 다음과 같습니다.

비용 기반 가격 책정: 이것은 제품을 만들거나 서비스를 제공하는 데 드는 모든 비용을 더한 다음 수익을 내기 위해 조금 더 추가하는 것을 의미합니다. 예를 들어, 온라인 과정을 만드는 데 1,000원의 비용이 든다면 비용을 충당하기 위해 1,500원을 청구하고 500원의 이익을 얻을 수 있습니다.

가치 기반 가격 책정: 이는 고객이 귀하의 제품이나 서비스가 가치 있다고 생각하는 정도에 따라 가격을 책정한다는 의미입니다. 당신이 비즈니스 컨설턴트라고 가정해 봅시다. 당신의 조언이 회사가 추가로 1,000만 원을 벌 수 있도록 도울 수 있다면, 그들은 당신의 도움에 대해 기꺼이 500만 원을 지불할 것입니다.

경쟁사 기반 가격 책정: 이것은 다른 기업이 동일하거나 유사한 제품 또는 서비스에 대해 부과하는 가격을 살펴보고 동일한 수준으로 가격을 설정한다는 의미입니다. 지식 기반 제품을 제공하는 기업의 경우 경쟁사 가격이 유용한 참고 자료를 제공하지만 가격 책정 전략의 유일한 결정 요인이 되어서는 안 된다는 점을 기억하는 것이 중요합니다.

예를 들어, 귀하의 e-러닝 플랫폼이 경쟁사에 비해 고유한 기능, 포괄적인 콘텐츠 또는 우수한 사용자 경험을 제공한다면 프리미엄 가격을 청구하는 것이 정당할 수 있습니다. 반면에 귀하의 제품이 시장의 다른 제품과 유사한 경우 경쟁업체 가격에 맞추거나 약간 더 낮은 가격을 책정하는 것이 고객을 유치하기 위한 실행 가능한 전략일 수 있습니다.

표면적으로는 비용 기반 가격 책정이 간단해 보일 수 있습니다. 제품이나 서비스의 생산 비용을 계산하고 이윤을 더하면 판매 가격이 나옵니다. 그러나 지식 기반 제품이나 서비스의 경우 비용을 결정하는 것이 다소 모호할 수 있습니다.

예를 들어 디지털 과정을 제공할 때 비용은 플랫폼 비용이나 과정 콘텐츠를 만드는 데 걸리는 시간이 아닙니다. 여기에는 수년간의 전문 지식, 현장에서 조사하고 최신 정보를 유지하는 데 소비한 시간, 고객이 귀하의 지식에서 얻을 수 있는 잠재적 가치가 포함됩니다. 지식과 아이디어를 바탕으로 만든 제품이나 서비스의 가격을 정할 때, 그냥 제품을 만드는 데에 든 비용만을 고려해서는 안 됩니다. 그 제품이나 서비스가 고객에게 얼마나 큰 가치를 제공하는지를 꼭 고려해야 합니다. 이렇게 해야 제품이나 서비스의 진짜 가치를 제대로 반영하는 가격을 정할 수 있습니다.

가격 선택 방법을 결정했으면 고객에게 청구하는 방법을 선택해야 합니다. 이를 수행할 수 있는 세 가지 방법은 다음과 같습니다.

구독 가격: 이것은 잡지 구독과 같지만 귀하의 제품 또는 서비스에 대한 것입니다. 고객은 제품이나 서비스를 계속 사용하기 위해 정기적으로 (매월, 3개월 또는 매년) 일정 금액을 지불합니다.

단계별 가격 책정: 이는 다양한 수준의 제품 또는 서비스를 다양한 가격으로 제공한다는 의미입니다. 예를 들어 소프트웨어를 판매하는 경우 낮은 가격에 기능이 적은 기본 버전을 보유하고 높은 가격에 더 많은 기능을 제공하는 프리미엄 버전을 보유할 수 있습니다.

사용량에 다른 요금제 가격 책정: 즉, 고객이 서비스를 사용할 때만 비용을 청구합니다. 예를 들어 코치인 경우 시간당 또는 세션당 요금을 청구할 수 있습니다.

프로젝트 관리 소프트웨어를 판매하는 회사를 예로 들어 보겠습니다. 그들은 가치 기반 가격 책정을 사용하고 소프트웨어가 얼마나 많은 시간과 노력을 절약할 수 있는지에 따라 가격을 책정하기로 결정합니다. 소규모 팀에는 더 저렴한 버전을, 더 큰 팀에는 더 많은 기능을 제공하는 더 비싼 버전을 제공하는 계층화된 가격을 사용합니다. 그들은 또한 가격이 너무 높거나 낮지 않은지 확인하기 위해 경쟁사의 가격을 확인합니다.

아이디어나 정보를 바탕으로 제품이나 서비스의 적절한 가격을 선택하는 것은 어려울 수 있습니다. 제품, 시장, 경쟁사, 고객을 정말 잘 이해해야 합니다. 또한 상황을 주시하고 변화에 따라 가격을 조정해야 합니다. 가장 중요한 것은 고객이 돈의 가치를 얻고 있다고 느끼게 하는 동시에 비즈니스를 계속할 수 있는 충분한 수익을 창출하는 것입니다.

고객이 지불하고자 하는 금액을 이해하는 것이 중요합니다. 제품이나 서비스의 품질뿐만 아니라 그들이 얼마나 가치 있게 여기는지도 중요합니다. 이를 이해하는 데 유용한 도구는 고객이 제품이나 서비스에 대해 기꺼이 지불할 최적의 가격 범위를 결정하는 데 도움이 되는 '가격 민감도 측정기'입니다.

동적 가격 책정은 기업이 시장 수요에 따라 제품 가격을 변경하는 또 다른 전략입니다. 이 접근 방식은 수요가 많은 기간 동안 수익성을 극대화할 수 있습니다. 예를 들어, 호텔과 항공사는 종종 이 전략을 사용하여 성수기에는 더 높은 가격을 부과하고 비성수기에는 가격을 낮춥니다.

심리적 가격은 특정 가격이 심리적 영향을 미친다는 생각에 기반한 전략입니다. 소매 가격은 종종 '이상한 가격'으로 표현됩니다. 예를 들어 29,900원 또는 197,000원과 같이 어림수보다 약간 적습니다. 이러한 '바로 아래' 가격은 제품을 더 저렴하게 보이게 하고 고객에게 더 매력적으로 보이게 합니다.

프리미엄 가격 책정은 제품 또는 서비스의 기본 버전이 무료로 제공되지만 독점 기능 및 서비스에 대해서는 비용(프리미엄)이 청구되는 모델입니다. 이 접근 방식은 사용자가 기본 기능에 무료로 액세스할 수 있지만 추가 기능에 대한 비용을 지불해야 하는 앱 및 게임과 같은 디지털 서비스에서 인기가 있습니다.

번들링은 고객이 개별적으로 모든 제품 또는 서비스를 구입하는 것보다 낮은 가격으로 여러 제품 또는 서비스를 판매하는 것입니다. 이 전략은 판매를 촉진할 뿐만 아니라 덜 인기 있는 제품을 옮기는 데도 도움이 될 수 있습니다.

가격 책정은 일회성 결정이 아닙니다. 지속적인 테스트, 학습 및 적응이 필요한 지속적인 프로세스입니다. 각 비즈니스와 시장은 다르기 때문에 특정 상황을 이해하고 가장 적합한 가격 책정 전략을 적용하는 것이 중요합니다. 비즈니스가 성장함에 따라 변화하는 비용, 고객 기반 및 경쟁에 맞게 가격을 변경해야 할 수 있습니다.

지식 기반 제품 및 서비스 가격 책정은 복잡할 수 있으므로 제품뿐만 아니라 시장, 경쟁 및 고객에 대한 깊은 이해가 필요합니다. 올바른 가격 책정 전략과 모델을 선택하고 실행하면 비즈니스의 수익과 성장에 상당한 영향을 미칠 수 있습니다. 기업은 시장 역학 및 고객 선호도의 변화에 대응하여 가격 전략을 지속적으로 검토하고 조정해야 합니다. 궁극적인 목표는 지속 가능한 수익성을 보장하면서 고객에게 가치를 제공하는 것임을 기억하십시오.

AI를 이용해 데이터 분석 서비스를 제공하는 스타트업을 예로 들어볼 게요. AI 시스템을 구축한 후에는 추가적인 보고서를 만드는 비용이 그리 많지 않습니다. 하지만, 이 보고서를 통해 얻은 정보는 고객의 중요한 비즈니스 결정에 큰 영향을 미칠 수 있기 때문에, 고객에게는 큰 가치를 가질 수 있습니다.

그래서 이런 스타트업은 '가치 기반 가격 책정' 방법을 사용해서, 고객이 받는 이런 가치를 제대로 반영한 가격을 정할 수 있습니다. 이렇게 하면 고객이 받는 가치에 비례해서 돈을 벌 수 있게 됩니다.

하지만 '가치 기반 가격 책정'을 잘하려면, 고객들을 잘 이해하고 관리해야 합니다. 고객들이 어떤 것을 필요로 하는지, 그들이 제품이나 서비스를 얼마나 가치 있게 생각하는지, 그리고 그들이 얼마나 돈을 내고 싶어하는지를 잘 알아야 합니다. 이런 정보를 얻기 위해선 고객들을 잘 나누고 분류하고, 많은 데이터를 수집하고 분석하며, 고객들로부터 지속적으로 피드백을 받아야 합니다.

가치 기반 가격 책정은 고객과의 관계에도 큰 영향을 미칩니다. 고객이 지불하는 돈보다 더 큰 가치를 받는다고 느낀다면, 그 고객은 더 만족하고, 사랑하는 브랜드가 될 확률이 높아집니다. 그리고 그런 고객은 계속해서 그 제품이나 서비스를 이용하게 될 확률이 높습니다. 그래서 가치 기반 가격 책정과 고객 관리는 서로를 돕는 관계를 맺게 됩니다.

지식을 바탕으로 한 스타트업들에게 가치 기반 가격 책정은 정말 중요한 전략이 되고 있습니다. 이런 방식으로 가격을 정하면, 고객들이 만족하고, 브랜드를 사랑하게 되며, 그럼으로써 장기적으로 좋은 관계를 유지할 수 있게 됩니다. 그러면서도 고객에게 제공하는 가치를 최대한으로 활용할 수 있게 됩니다.

하지만, 가치 기반 가격 책정이 잘 작동하려면 고객을 잘 관리하고, 고객이 어떻게 가치를 느끼는지 잘 이해해야 합니다. 지식이 중요한 비즈니스가 계속해서 늘어나는 상황에서, 가치 기반 가격 책정 방식은 점점 더 중요해지고 있습니다. 이런 변화는 가격을 정하는 방식이 점점 더 복잡하고 정교해져야 한다는 것을 보여주고 있습니다. 이는 고객이 가치를 인지하고 느끼는 방식이 가격을 정하는데 중요한 역할을 한다는 사실을 보여줍니다.

고객 서비스 및 관계 관리의 중추적 역할

1인 지식창업가에게는 고객 서비스와 관계 관리가 핵심적인 요소입니다. 이런 사람들은 그동안 쌓아온 경험과 지식을 바탕으로 사업을 시작하는데, 이때 그들이 가진 고객 서비스와 관계 관리 능력이 큰 장점으로 작용합니다.

고객 서비스는 사업을 성공으로 이끄는 매우 중요한 부분입니다. 고객들이 기업과 처음 접촉할 때부터 좋은 인상을 받으면, 그들은 그 기업에 대해 좋은 평가를 하게 되고, 장기적으로 기업과 함께하게 될 확률이 높아집니다.

하지만 고객 서비스는 그저 문제를 해결하는 것만을 의미하는 것이 아닙니다. 고객들이 중요하다고 느끼게 하는 것이 더 중요합니다. 그리고 현재는 소셜 미디어와 온라인 리뷰가 기업의 이미지를 결정짓는 중요한 요소입니다. 부정적인 한 건의 리뷰도 큰 타격을 줄 수 있기 때문에, 기업은 항상 고객 서비스와 관계 관리에 신경 써야 합니다.

고객 서비스는 모든 성공적인 비즈니스의 초석이며, 스타트업도 예외는 아닙니다. 고객 서비스는 고객 참여의 분위기를 조성하고 장기적인 비즈니스 관계를 위한 기반을 마련합니다. 첫 번째 상호작용부터 우수한 고객 서비스는 고객 충성도로 이어질 수 있는 긍정적인 인상을 남깁니다.

단순히 문제를 해결하는 데 그치는 것이 아니라 고객이 가치 있고, 귀 기울이고, 인정받는다고 느끼게 하는 것이 중요합니다. 또한 소셜 미디어와 온라인 리뷰의 시대에는 고객 서비스가 스타트업의 평판을 결정합니다. 단 한 건의 부정적인 리뷰도 극복하기 어려운 파장을 일으킬 수 있습니다.

반대로, 관계 관리는 종종 고객 서비스와 얽혀 있지만 보다 전체적인 접근 방식을 취합니다. 기업이 고객들과 좋은 관계를 유지하려면 고객 서비스와 관계 관리라는 두 가지 중요한 요소를 잘 활용해야 합니다. 이들은 고객들에게 훌륭한 경험을 제공하는 데 필요한 주요 요소들입니다.

고객 관계 관리는 고객들과의 좋은 관계를 만들고 유지하는 것을 의미합니다. 이것은 고객들이 무엇을 원하고, 어떤 것을 선호하는지 알아내는 데 도움이 됩니다. 또한, 고객들에게 맞춤형 서비스를 제공하는 것도 포함됩니다. 중요한 건 이 모든 과정에서 고객과의 커뮤니케이션입니다. 투명성을 가지고, 적절한 시기에 반응하며, 고객의 입장을 이해하려 노력하는 것이 필요합니다.

새로운 비즈니스를 시작하는 사람들, 특히 이미 경력과 지식을 많이 가진 사람들이 스타트업을 시작할 때, 고객 서비스와 관계 관리를 잘 결합하는 것이 큰 도움이 될 수 있습니다. 이렇게 하면 고객들이 기대하는 것을 넘어서는 경험을 제공할 수 있습니다.

하지만 이런 것들을 잘하려면 많은 노력이 필요합니다. 고객을 먼저 생각하는 철학에 헌신하고, 교육에 투자하며, 변화와 성장에 대한 의지를 가지고 있어야 합니다. 하지만 이런 노력들은 결과적으로 고객들의 만족도와 충성도를 높이며, 비즈니스의 성공을 보장하는 데 도움이 됩니다.

아마존이나 애플 같은 큰 기업들이 이런 점을 잘 활용해서 큰 성공을 거두었습니다. 이런 기업들은 고객 서비스와 관계 관리가 얼마나 중요한지를 보여주는 좋은 사례입니다.

아마존의 고객 서비스 사례:

아마존은 고객 만족을 최우선으로 두고, 이를 위해 '고객 중심'이라는 철학을 추구합니다. 그들의 명성 중 하나는 '1-Click 주문' 기능입니다. 이 기능은 고객이 한 번의 클릭으로 쉽게 상품을 구매할 수 있도록 해줍니다. 상품을 찾고 장바구니에 담는 일련의 과정을 단순화하여, 고객이 원활하게 쇼핑할 수 있게 했죠. 아마존은 이런 방식으로 고객이 경험하는 불편함을 최소화하고, 더 나은 쇼핑 경험을 제공하려 노력합니다.

애플의 고객 관계 관리 사례:

애플은 고객 관계 관리를 위해 '애플스토어'를 만들었습니다. 이곳에서는 단순히 제품을 판매하는 것뿐만 아니라, 고객들이 제품을 직접 체험하고 애플의 기술 전문가와 직접 상담하는 경험을 제공합니다. 이러한 접근법은 고객이 제품을 구매하기 전에 제품에 대한 심도 있는 이해를 돕고, 애플과 고객 사이의 관계를 강화하는 데 기여합니다. 또한, '애플케어'라는 서비스를 통해, 제품 구매 후에도 지속적인 지원을 제공하여 고객 만족도를 높이고 있습니다. 이런 노력들로 애플은 고객과의 긴밀한 관계를 유지하며 브랜드 충성도를 높이고 있습니다.

처음 지식창업을 시작하는 시니어 기업가들은 고객 서비스와 관계 관리의 중추적인 역할을 이해해야 합니다. 이러한 측면에 투자함으로써 고객 만족도를 높이고 충성도를 높이며 궁극적으로 스타트업의 수명과 성공을 보장할 수 있습니다. 과정은 어려울 수 있지만, 많은 성공적인 기업들이 보여준 것처럼 그 보상은 그만한 가치가 있습니다.

고객 만족도를 높이기 위한 전략: 스타트업을 위한 가이드

당신이 창업자이고 회사를 세운지 얼마 안 되었다고 생각해보세요. 여기서 가장 중요한 것은 무엇일까요? 바로 고객입니다. 고객이 행복해야 제품을 사고, 추천하고, 자신이 좋아하는 브랜드를 더 많은 사람들에게 알릴 것입니다. 이렇게 해서 회사는 더욱 성장하고 브랜드는 더욱 강해집니다.

그럼 고객을 행복하게 하는 방법은 무엇일까요?

들어주기: 고객이 원하는 것이 무엇인지, 불편한 점은 무엇인지 알아야 합니다. 이메일이나 소셜 미디어 등을 통해 고객의 목소리를 듣는 것이 중요합니다.

반응하기: 고객이 문제를 제기하면 빠르고 친절하게 대응해야 합니다. 문제를 해결하고 필요할 경우 개선하면, 고객은 회사를 더 좋게 생각하게 됩니다.

개인화: 고객마다 다른 요구와 선호도가 있습니다. 이를 이해하고 그에 맞는 제품이나 서비스를 제공하면 고객은 더욱 만족하게 됩니다.

품질 유지: 제품이나 서비스의 품질이 좋아야 고객이 계속 이용하고 싶어합니다. 제품 디자인부터 품질 테스트까지 세심한 관리가 필요합니다.

직원 교육: 직원들은 고객과 직접적으로 소통하는 사람들입니다. 그들이 친절하고 실력 있게 일할 수 있도록 교육하는 것이 중요합니다.

사용자 경험 개선: 웹사이트 사용이나 제품 사용, 고객 서비스 등 모든 경험은 고객이 쉽고 즐겁게 할 수 있어야 합니다.

이 모든 것이 고객 만족도를 높이는 방법입니다. 고객을 행복하게 만드는 일은 어려울 수 있지만, 이를 위해 노력하면 결국 성공하는 길로 나아갈 수 있습니다. 이게 바로 지식창업의 성공 비결이라고 할 수 있습니다!

– 복주환 강사님이 내가 운영하는 '유레카드림스쿨' 오픈톡방에서 특강하는 장면

시니어 창업가를 위한 효율적인 시간 관리

시간의 기술: 시니어 기업가를 위한 효율적인 시간 관리

시간 관리는 시니어 기업가들에게 가장 중요한 문제 중 하나입니다. 왜냐하면 그들은 한번 소비한 시간을 되찾을 수 없기 때문입니다. 즉, 시간을 잘 활용하는 것은 매우 중요하며, 시간을 잘 활용하는 기업가는 업무와 개인 생활 사이에서 균형을 잡을 수 있습니다.

그렇다면 어떻게 시간을 잘 관리할 수 있을까요? 가장 먼저, 우리는 할일들을 긴급한 일과 아닌 일로 나눌 수 있습니다. 이를 통해 무엇을 먼저처리해야 할지 결정할 수 있습니다. 아이젠하워 박스라는 도구를 사용하면 이를 쉽게 할 수 있습니다.

또한 목표를 세우는 것이 중요합니다. 이때 SMART 방식이라는 특별한 방법을 사용할 수 있는데, 이는 우리가 목표를 명확하게 설정하고 그것을 달성하기 위한 계획을 세울 수 있도록 돕습니다.

시간을 효율적으로 사용하기 위해서는, 특정 업무에 집중할 수 있는 시간을 정해놓는 것이 좋습니다. 이를 '시간 차단'이라고 합니다. 이 방법을 사용하면 업무에 집중할 수 있을 뿐만 아니라, 필요한 휴식 시간도 확보할 수 있습니다.

또한, 디지털 도구를 활용하는 것이 좋습니다. 이러한 도구들은 우리가 일을 더 효과적으로 처리할 수 있도록 도와주고, 시간을 절약할 수 있게 해줍니다.

위임하는 것도 중요합니다. 모든 일을 혼자 처리하려 하지 말고, 팀원에게 일을 분배하여 팀원들도 참여할 수 있도록 합시다. 이는 팀의 생산성을 높이는 데 도움이 될 것입니다. 팀이 없을 경우는 아웃소싱하는 파트너들과의 협업을 잘하는 것도 도움이 됩니다.

이 모든 것들을 실천한다면, 시니어 기업가라 할지라도 시간 관리에 효과적일 것입니다. 기억하세요. 시간은 우리의 적이 아니라, 아군입니다. 시간을 잘 활용하면, 시간은 우리의 동반자가 될 것입니다.

균형 잡기: 시니어 창업가를 위한 일과 삶의 조화 유지

빠르게 진화하는 디지털 시대에는 일과 개인 생활의 경계가 모호해지는 경우가 많습니다. 창업의 부담을 어깨에 짊어진 시니어 기업가들에게 일과 삶의 균형을 유지하는 일은 점점 더 중요한 과제로 떠오르고 있습니다. 기업가적 열정이 성공에 대한 열정을 불러일으키지만, 개인적 웰빙의 중요성과 장기적인 성공에 있어 웰빙의 역할을 간과하지 않는 것이 중요합니다.

일과 개인 생활 사이의 섬세한 균형은 생산성을 향상시키고 정신 건강을 증진하며 전반적인 삶의 만족도를 높여줍니다. 이러한 균형을 유지하는 것은 개인의 필요와 상황에 맞춘 역동적인 과정이며, 지속적인 노력과 예리한 자기 인식이 필요합니다. 다음은 시니어 창업가로서 일과 삶의 균형을 유지하기 위한 전략입니다.

첫째, '균형'의 필요성을 이해하세요. 균형이란 일과 개인 생활에 시간을 균등하게 분배하는 것이 아니라 두 가지 측면을 모두 존중하는 명확한 경계를 설정하는 것을 의미합니다. 기업가의 여정에는 본질적으로 때때로 더 많은 관심이 필요할 수 있지만, 그렇다고 자기 관리, 가족, 여가를 위한 시간을 희생해서는 안 됩니다.

둘째, 작업의 우선순위를 효과적으로 정하세요. 성공적인 비즈니스 운영에 있어 모든 업무의 중요성이 동일한 것은 아닙니다. 아이젠하워 박스 개념을 활용하여 긴급성과 중요도에 따라 작업을 4분할로 구분하세요. 중요하고 즉각적인 주의가 필요한 작업의 우선순위를 정하고, 덜 긴급한 작업은 위임하거나 예약하고, 불필요한 작업은 제거하세요. 이렇게 하면 개인 시간을 침해하지 않으면서 중요한 비즈니스 업무에 집중할 수 있습니다.

셋째, SMART 목표 설정은 개인 생활에도 적용됩니다. 가족과 좋은 시간 보내기, 신체 건강 우선시하기, 여가 활동 참여하기와 같은 목표는 구체적이고, 측정 가능하며, 달성 가능하고, 관련성이 있고, 시간제한이 있어야 합니다. 이러한 목표를 설정하면 개인 생활이 업무와 함께 적절한 우선순위를 갖게 됩니다.

넷째, 기술을 활용하여 워크플로우를 간소화하고 시간을 절약하세요.

프로젝트 관리 도구를 사용해 진행 상황을 추적하고, 디지털 캘린더를 사용해 하루를 계획하고, AI 기반 가상 비서를 사용해 미리 알림을 보내거나 작업을 자동화하세요. 이러한 기술 보조 도구는 정신적 부담을 줄이고 생산성을 높이며 업무와 무관한 활동을 위한 시간을 확보해줍니다.

그리고 위임의 기술을 연습하세요. 업무를 위임하면 전략적 결정과 핵심 활동에 투자할 시간을 절약할 수 있을 뿐만 아니라 팀의 역량을 강화하여 팀의 역량과 참여도를 높일 수 있습니다. 신뢰할 수 있는 팀을 구성하고 책임을 위임하면 비즈니스 성과에 영향을 주지 않으면서도 개인 생활을 위한 더 많은 공간을 확보할 수 있습니다.

일과 개인 생활의 균형은 기업가의 길에서 지속적인 생산성, 회복력, 즐거움을 위해 필수적입니다. 시니어 기업가로서 개인적인 웰빙에 시간을 투자하는 것은 업무에서 벗어나는 것이 아니라 오래 지속되는 성공의 중요한 요소입니다. 균형은 하나를 위해 다른 하나를 타협하는 행위가 아니라 두 가지를 조화시키는 기술입니다.

창업은 단거리 달리기가 아니라 마라톤과 같으며, 페이스를 유지하려면 일과 휴식의 리듬이 필요합니다. 따라서 비즈니스 과정을 계획할 때 자기 자신과 가족, 여가를 위한 시간을 짜임새 있게 짜야 합니다. 균형 잡힌 기업가가 균형 잡힌 비즈니스를 육성한다는 사실을 기억하세요.

효율적인 일 처리를 위한 도구와 기술

광활한 업무 세계에서는 효율성과 생산성이 가장 중요합니다. 분야나 역할에 관계없이 특정 도구와 기법의 숙달 여부는 평범함과 탁월함의 차이를 결정할 수 있습니다. 이 글에서는 업무 효율성을 강화하고 성공을 촉진할 수 있는 다양한 실용적인 도구와 기법에 대해 살펴봅니다.

먼저 시간 관리 도구에 대해 살펴봅시다. 시간은 우리가 마음대로 사용할 수 있는 가장 유한하고 소중한 자원이며, 이를 효과적으로 활용하는 것은 높은 생산성을 위해 매우 중요합니다. Rescue Time과 같은 애플리케이션은 개인이 시간을 추적하고 낭비할 수 있는 영역을 식별할 수 있는 기능을 제공하여 시간 활용도를 높일 수 있도록 지원합니다.

둘째, 커뮤니케이션 도구는 오늘날의 상호 연결된 업무 환경에서 중요한 역할을 합니다. Zoom과 같은 플랫폼은 지리적 경계에 관계없이 실시간 커뮤니케이션과 협업을 촉진합니다. 예를 들어 IBM과 Google 같은 글로벌 기업은 이러한 도구를 사용하여 전 세계에 흩어져 있는 팀 간의 원활한 커뮤니케이션을 유지합니다. 이를 통해 업무 프로세스의 일관성을 유지하고 통합된 조직 문화를 조성할 수 있습니다.

셋째, 다양한 업무 시나리오에서 효과가 입증된 생산성 향상 기법을 언급하는 것도 중요합니다. 이러한 기법 중 하나로 포모도로 기법이 있는데, 이는 짧은 휴식 시간으로 구분된 간격(일반적으로 25분)으로 작업을 나누는 것입니다. 이 방법은 집중력을 유지하고, 번아웃을 줄이며, 전반적인 생산성을 높이는 데 도움이 됩니다. 마찬가지로 아이젠하워 매트릭스와 같은 기법은 긴급성과 중요도에 따라 작업을 네 가지 범주로 나누어 작업 우선순위를 정하는 데 도움을 줍니다.

도구와 방법론만으로는 성공을 이루는 데 충분하지 않습니다. 중요한 것은 우리가 어떻게 그것들을 이해하고 사용하는지, 즉 우리의 마인드셋과 태도입니다.

마인드셋이란 우리가 어떤 상황을 어떻게 생각하고 이해하는 방식을 말합니다. 캐롤 드웩이 개발한 성장 마인드셋은 우리가 능력을 향상시키고 목표를 달성하기 위해 노력하면 언젠가 성공할 수 있다는 믿음을 말합니다. 이런 마인드셋을 가지고 있다면, 우리는 어려움을 겪었을 때도 포기하지 않고 노력을 계속할 수 있습니다.

감성 지능은 우리가 자신의 감정을 이해하고 다른 사람들의 감정에 공감하는 능력을 말합니다. 이는 영업, 고객 서비스, 팀워크 등과 같은 상황에서 매우 중요한 역할을 합니다. American Express의 사례를 보면, 감성 지능이 업무 성과에 큰 영향을 미칠 수 있음을 알 수 있습니다.

American Express의 사례에서는, 감성 지능 교육을 받은 영업팀이 그렇지 않은 팀보다 더 좋은 성과를 내는 것을 확인했습니다. 그 이유는 감성 지능이 고객과의 관계 구축, 고객의 요구 사항 이해, 그리고 고객의 문제 해결을 돕기 때문입니다.

예를 들어, 고객이 어떤 문제에 직면했을 때, 그 문제를 빠르게 해결하는 것도 중요하지만, 고객이 그 상황에서 느끼는 감정을 이해하고 공감하는 것도 매우 중요합니다. 이렇게 하면 고객은 자신이 중요하다고 느끼고, 그 결과로 회사에 대한 신뢰와 충성도가 높아질 수 있습니다.

American Express의 사례는 감성 지능이 업무 성과에 긍정적인 영향을 미칠 수 있음을 보여줍니다. 이는 고객과의 관계를 향상시키고, 더 나은 서비스를 제공하며, 결국에는 회사의 성공을 이끌 수 있다는 것을 보여줍니다.

즉, 성공적인 업무 수행은 시간 관리 도구와 효율적인 커뮤니케이션 도구, 생산성 기법, 성장 마인드셋, 그리고 감성 지능이라는 여러 가지 요소의 조합을 필요로 합니다. 이런 요소들을 잘 활용하면, 우리는 성공이라는 아름다운 '조각상'을 만들어낼 수 있습니다.

그래서, 이러한 도구와 기법들을 올바르게 활용하는 것이 중요합니다. 그러면 업무에서 성공을 이룰 수 있을 것입니다. 이것이 현대 업무 환경에서의 중요한 포인트입니다.

시간 관리에 도움이 될 수 있는 도구와 앱

Google 캘린더: Google 캘린더는 일정을 계획하고 공유하며 추적할 수 있는 무료 도구입니다. 본인의 일정을 다른 사람과 공유하거나 반복되는 일정을 설정하는 기능 등이 있습니다.

Asana: Asana는 프로젝트와 태스크를 관리할 수 있는 도구입니다. 복잡한 프로젝트를 관리하거나 팀원과 공동 작업을 할 때 특히 유용합니다.

Trello: Trello는 본인의 업무를 시각적으로 조직하고 관리하는 데 도움이 되는 도구입니다. 각각의 카드에 태스크를 작성하고 그 카드를 다른 칼럼으로 옮기며 진행 상황을 추적할 수 있습니다.

Evernote: Evernote는 본인의 생각이나 아이디어, 노트를 캡처하고 저장하는 데 사용할 수 있는 도구입니다. 이미지, 텍스트, 웹 페이지 등 다양한 형태의 내용을 저장할 수 있습니다.

Rescue Time: Rescue Time은 본인이 어떻게 시간을 사용하는지를 추적하고 분석해주는 도구입니다. 이를 통해 본인의 시간 사용 패턴을 이해하고 시간 낭비를 줄일 수 있습니다.

Slack: Slack은 팀원들과 실시간으로 소통하고 협업하는 데 사용하는 도구입니다. 다양한 통신 채널을 생성해 각 프로젝트나 주제에 대해 효율적으로 소통할 수 있습니다.

이러한 도구들은 본인의 요구와 작업 방식에 따라 적절히 선택하고 사용하면 됩니다. 본인의 시간을 효율적으로 관리하고 생산성을 향상시키는데 도움이 될 것입니다.

지식창업의 길은 시간과의 한바탕 결투입니다. 한정된 시간 안에 많은 것을 학습하고 그 가치를 알려 상품화해야 합니다. 효율성이 가장 중요한 도구입니다. 여러 가지 방법으로 시간관리를 해보면서 자신에게 맞는 전략을 찾기 바랍니다.

4-4

지속적인 학습과 혁신

배움을 멈추지 마라:

시니어 기업가를 위한 지속적인 학습과 혁신의 필요성

우리가 세상에서 성공하려면, 계속 배워야하고 변화에 적응해야 합니다. 이는 특히 시니어 기업가들이 스타트업을 시작할 때 더욱 중요합니다. 경험이 풍부한 시니어 기업가들은 계속 배워야 하며, 변화를 받아들여야 하며, 새로운 것을 만들어야 합니다.

예를 들어, 가장 먼저 해야 할 일은 최신 트렌드를 알아보고, 새로운 기술을 배우고, 새로운 아이디어에 열린 마음을 가지는 것입니다. 이는 모든 문제를 해결하고, 회사를 성공적으로 성장시키는 데 도움이 됩니다.

또한 시니어 기업가들은 새로운 제품이나 서비스를 도입하고, 비즈니스 과정을 개선하고, 고객 서비스를 향상시키는 등의 방법으로 계속해서 혁신해야 합니다. 이렇게 해야만 시장에서 경쟁력을 유지할 수 있습니다.

하지만 모든 것이 순조롭게 진행되는 것은 아닙니다. 새로운 기술을 배우는 것이나 변화하는 상황에 적응하는 것은 어려울 수 있습니다. 그래서 우리는 도전을 두려워하지 말고, 성장의 기회로 생각해야 합니다.

또한 다양한 배경과 경험을 가진 사람들로 구성된 팀을 만드는 것이 좋습니다. 이런 팀은 많은 아이디어를 제공하고, 학습과 혁신을 돕는 문화를 만들 수 있습니다.

학습을 돕기 위해 세미나에 참가하거나, 책을 읽거나, 온라인 강좌에 등록하는 등 다양한 방법을 활용할 수 있습니다. 또한 다른 사람들로부터 배우는 것도 좋습니다.

창의적이고 실험적인 문화를 만드는 것은 혁신을 돕습니다. 이는 아이디어를 자유롭게 표현하게 하고, 혁신적인 생각에 대해 보상하며, 필요한 자원을 제공하는 것을 포함합니다.

시니어 기업가들은 지속적으로 배우고, 변화에 적응하고, 새로운 것을 만들어내는 데 집중해야 합니다. 이렇게 해야만 회사를 성공으로 이끌 수 있습니다. 이러한 과정은 쉽지 않지만, 지속적인 학습을 통해 우리는 개선하고, 성장하고, 성공할 수 있습니다.

시니어 창업자의 변화와 혁신: 1인 지식 기업의 성장 동력

"대부분의 사람은 기회가 문을 두드릴 때 그것이 기회인지를 알아차리지 못한다." - 토머스 에디슨

가장 먼저, 시니어 창업자들은 기술 변화를 받아들여야 합니다. 모든 사람이 디지털 기술에 익숙하지 않을 수 있지만, 이는 우리의 시대에서는 중요한 능력입니다. 인터넷과 소셜 미디어, 온라인 마케팅과 판매 도구들을 활용하면 시니어 창업자들은 고객과 소통하고 제품이나 서비스를 판매할 수 있습니다. 기술의 변화는 '새로운 일자리를 만드는 엔진'이며, 이것은 특히 1인 기업에게 중요합니다.

그러나 단순히 기술 변화를 받아들이는 것만으로는 충분하지 않습니다. 시니어 창업자들은 이러한 변화를 적극적으로 활용하고 혁신해야 합니다. 이것은 제품이나 서비스를 개발하는 것에서 시작되어, 고객과의 관계를 관리하는 방법에 이르기까지 모든 것을 포함합니다. "기업은 혁신 없이는 존재할 수 없다."는 피터 드러커의 말처럼, 창업자들은 자신의 사업을 계속해서 혁신해야 합니다.

지속적인 학습을 향한 중요한 단계 중 하나는 성장 사고방식을 채택하는 것입니다. 저명한 심리학자 캐롤 드웩이 옹호하는 것처럼 성장형 사고방식은 우리의 능력이 헌신과 노력을 통해 개발될 수 있다는 믿음입니다. 이러한 관점은 배움에 대한 열정을 불러일으키고 위대한 성취를 위한 토대를 형성합니다.

이를 이해하기 위해 검색 엔진인 네이버의 이야기를 생각해 보십시오. 설립자들은 하룻밤 사이에 성공적인 플랫폼을 구축하지 않았습니다. 대신 그들은 지속적으로 개선하고 혁신하기 위해 노력했습니다. 그들은 성장형 사고방식을 받아들이고 시행착오를 통해 배웠으며 오늘날 네이버는 그들의 지속적인 학습의 증거입니다.

다음으로 지속적인 학습에서 멘토 역할이 필요합니다. 멘토는 학습 곡

선을 대폭 가파르게 만들 수 있는 숙련된 지침, 지혜 및 통찰력을 제공할 수 있습니다. 자신의 경험과 지식을 기꺼이 공유할 성공적인 기업가나 업계 전문가를 찾는 것이 좋습니다.

예를 들어 전 세계적으로 성공한 K-Pop 산업을 보십시오. 모든 성공적인 아이돌 뒤에는 그들을 지도하고 훈련 시켜 자신의 예술에서 끊임없이 개선하고 혁신할 수 있도록 하는 헌신적인 멘토가 있습니다. 마찬가지로 기업가적 여정에 멘토를 두는 것은 성장에 중추적인 역할을 할 수 있습니다.

새로운 기술과 혁신을 수용하는 것도 지속적인 학습에서 중요한 역할을 합니다. 이를 통해 현재 트렌드에 대한 최신 정보를 얻을 수 있을 뿐만 아니라 성장과 혁신을 위한 새로운 길을 열 수 있습니다. Udemy 또는 YouTube와 같은 플랫폼은 새로운 기술, 시장 동향 및 비즈니스 전략을 이해하는 데 도움이 되는 방대한 지식 리소스를 제공합니다.

번창하는 한국 스타트업 현장에서 교육 플랫폼 Mathpresso의 성공을 생각해 보십시오. 창립자들은 교육에서 기술의 잠재력을 확인하고 지속적인 학습을 통해 교육산업에 혁명을 일으킨 혁신적인 솔루션을 만들었습니다.

조직 내에서 학습 문화를 구축하는 것은 또 다른 효과적인 전략입니다. 팀이 배우고 성장하도록 격려하면 집단적 개선을 가져오고 혁신 문화를 조성할 수 있습니다. Google의 '20% 시간' 정책은 이에 대한 완벽한 예입니다. 직원들은 자신의 시간 중 20%를 열정이 있는 프로젝트를 학습하거나 작업하는 데 사용하도록 권장됩니다. 이 정책으로 인해 Gmail 및 Google 뉴스와 같은 성공적인 제품이 탄생했습니다.

지속적인 학습은 목적지가 아니라 과정입니다. 인내, 끈기, 개선하려는 끊임없는 열망이 필요합니다. 항상 호기심을 갖고 피드백에 귀를 기울이고 실패를 부끄러워하지 마십시오. 이러한 실패를 통해 우리는 가장 귀중한 교훈을 얻습니다.

끊임없이 진화하는 세상에서 지속적인 학습은 가장 강력한 도구입니다. 혁신과 성장의 원동력입니다. 지속적인 학습을 통해 적응하고 혁신하며 도전을 극복할 수 있습니다. 계속 배우고 성장하며 더 나은 미래를 만들어 가야 합니다.

성공적인 지식창업가가 되기 위해서는 시장 동향, 기술 트렌드, 새로운 비즈니스 모델과 전략 등을 이해하고 이를 적용할 수 있는 능력이 필수적입니다. 이를 위해 지속적인 학습과 개발은 필수적인 과정입니다.

그래야만 변화하는 환경과 경쟁에 대응하고 혁신을 통해 비즈니스를 성장시킬 수 있습니다.

지식창업가에게 지속적인 학습은 특히 중요한데 그 이유는 지식창업가의 주요 자산이 바로 '지식'이기 때문입니다. 때문에 지식창업가는 자신의 전문 분야뿐만 아니라 다양한 분야에 대한 지식을 끊임없이 업데이트하고 확장해야 합니다.

예를 들어 시니어 창업자가 자신의 전문 분야인 요리에 대한 온라인 강의를 개설했다고 가정해봅시다. 그러나 그가 요리 기술뿐만 아니라 온라인 강의 플랫폼의 작동 방식, 콘텐츠 마케팅 등에 대한 지식을 갖추지 못한다면 그의 비즈니스는 경쟁력을 갖추기 어렵습니다. 이처럼 지식창업가는 단순히 자신의 전문 분야뿐만 아니라 비즈니스 운영에 필요한 다양한 지식을 습득해야 합니다.

그렇다면 어떻게 지속적인 학습을 실천할 수 있을까요? 먼저, 시니어 창업자는 자신이 필요로 하는 지식과 스킬을 파악해야 합니다. 이를 위해 스스로에게 다음과 같은 질문을 해보는 것이 좋습니다. '나의 비즈니스를 성장시키기 위해 어떤 지식과 스킬이 필요한가?', '나의 경쟁력을 강화하기 위해 어떤 부분을 개선해야 하는가?' 이러한 질문들을 통해 시니어 창업자는 자신이 필요로 하는 지식과 스킬을 파악할 수 있습니다.

다음으로 시니어 창업자는 이러한 지식과 스킬을 습득하기 위한 학습 계획을 세워야 합니다. 이를 위해 온라인 코스, 워크샵, 세미나, 네트워킹 이벤트 등 다양한 학습 자원을 활용할 수 있습니다. 그러나 학습은 단순히 지식을 습득하는 것만을 의미하는 것이 아닙니다. 시니어 창업자는 새로운 지식을 자신의 비즈니스에 어떻게 적용할 수 있는지를 고민하고 이를 실제로 실행에 옮겨야 합니다.

또한 시니어 창업자는 학습의 결과를 지속적으로 모니터링하고 평가해야 합니다. 이를 통해 자신의 학습 과정과 결과가 비즈니스 성장에 어떻게 기여하고 있는지를 파악하고 필요한 수정과 개선을 진행할 수 있습니다.

시니어 창업자는 자신의 학습 과정과 결과를 공유하며 다른 사람들로부터 피드백을 받는 것이 중요합니다. 이는 자신의 지식과 경험을 확장하고 새로운 아이디어와 통찰을 얻는 데 도움이 됩니다.

세상은 빠르게 변하고 있습니다. 따라서 시니어 창업자는 자신의 지식과 스킬을 끊임없이 업데이트하고 확장해야만 경쟁력을 유지할 수 있습니다. 이를 위해 시니어 창업자는 지속적인 학습을 통해 자신의 비즈니스를 혁신하고 성장시키는 데 필요한 지식과 스킬을 계속적으로 획득해야 합니다. 이러한 지속적인 학습은 시니어 창업자가 성공적인 지식창업가가 되는 데 결정적인 요소입니다.

변화와 도전 앞에 주저하지 않고 꾸준히 학습하고 도전하는 시니어 창업자들이 세상을 더욱 풍요롭고 다양하게 만들어 갈 것입니다. 그러므로 지식창업을 통한 자신만의 성장과 발전을 위해 지속적으로 학습하는 것이 얼마나 중요한지를 잊지 말아야 합니다.

시니어 창업자의 실패와 과제 극복: 부상하는 마인드셋

"실패는 종착점이 아니라, 시작점이다." – 헨리 포드

시니어 창업자들이 1인 지식 기업을 시작하면서, 부딪히게 되는 여러 과제와 실패는 거스를 수 없는 진리입니다. 불확실성, 경쟁, 기술의 빠른 발전 등에 대처하는 것은 쉽지 않습니다. 그러나 이러한 실패와 과제를 극복하는 마인드셋을 갖추고 있다면, 이는 결국 성공으로 이어질 수 있습니다.

첫 번째로, 시니어 창업자들은 '실패는 학습의 기회'라는 마인드셋을 가지고 있어야 합니다. 실패는 반드시 부정적인 것이 아닙니다. 실패를

통해 우리는 어떤 것이 잘못되었는지, 어떻게 개선해야 하는지를 배울 수 있습니다. "실패는 우리가 어떻게 성장하고, 더 나은 방향으로 전진할 수 있는지를 보여주는 가장 좋은 교사다."라는 로버트 기요사키의 말이 이를 잘 보여줍니다.

두 번째로, 시니어 창업자들은 '과제는 성장의 기회'라는 마인드셋을 가지고 있어야 합니다. 과제는 피할 수 없지만, 이는 성장의 가능성을 안고 있습니다. 과제를 극복하려는 노력은 새로운 능력을 개발하고, 지식을 확장하는 과정입니다. "과제는 우리를 더 강하게 만듭니다. 우리가 결코 포기하지 않는다면, 우리는 이겨낼 수 있다."라는 맨디 헤일의 견해가 이를 잘 설명합니다.

시니어 창업자들은 '탄력적인 사고'라는 마인드셋을 가지고 있어야 합니다. 변화하는 상황에 유연하게 대응하고, 실패와 과제를 긍정적으로 받아들이는 능력은 성공적인 창업에 근본적인 요소입니다. "탄력성은 우리가 실패를 극복하고, 최선의 결과를 이끌어내는 데 필요한 가장 중요한 능력이다."라는 셰릴 샌드버그의 견해가 이를 잘 보여줍니다.

시니어 창업자들은 이러한 마인드셋을 통해 실패와 과제를 극복하고, 자신의 1인 지식 기업을 성공으로 이끌어갈 수 있습니다. 실패와 과제는 그들의 여정을 방해하는 것이 아니라, 성장하고, 배우고, 더 나은 내일을 만드는 데 도움을 주는 도구입니다. 그러므로, 시니어 창업자들은 이러한 마인드셋을 가지고 실패와 과제를 극복해야 합니다.

사업에서 도전과 실패는 두려움을 불러일으키지만 이를 올바르게 대처하고 극복하는 것은 성공적인 창업의 길을 열어줍니다. 시니어 창업자들은 도전과 실패를 두려워하지 않고 이를 통해 배우고 성장하는 데 집중해야 합니다. 이렇게 함으로써 시니어 창업자들은 자신의 비즈니스를 성장시키고 성공적인 창업가가 될 수 있습니다.

한국 인터넷 산업의 주역인 다음커뮤니케이션의 예를 들어 보겠습니다. 시작했을 때 네이버와 야후의 치열한 경쟁에 직면했습니다. 그러나 그들은 물러서지 않았습니다. 대신 그들은 시장을 연구하고 소비자 행동을 이해하고 접근 방식을 혁신했습니다. 오늘날 Daum은 시장에서 틈새 시장을 개척했고 이 모든 것은 도전을 두려워하지 않고 받아들였기 때문에 가능했습니다.

마찬가지로 사업의 실패는 종종 좌절로 여겨지지만 그것을 디딤돌로 보시기 바랍니다. 실패는 끝이 아니라 배우고 성장할 수 있는 기회입니다. 효과가 있는 것과 그렇지 않은 것에 대한 귀중한 통찰력을 제공하여 정보에 입각한 결정을 내릴 수 있도록 합니다.

강남에 위치한 작은 카페 사장님 이 씨의 사례를 살펴봅시다. 이 씨는 초기에는 카페 사업에 어려움을 겪었습니다. 위치, 재료 구매, 고객 서비스 등 여러 가지 문제에 직면했습니다. 그러나 이 씨는 이 도전을 통해 중요한 교훈을 얻었습니다. 그는 고객 서비스에 집중하고 고객들이 자신의 카페를 찾는 이유를 이해하기 시작했습니다. 이 씨의 카페는 특별한 메뉴와 개인적인 서비스로 고객들에게 인기를 얻었고, 이는 구전을 통해 더 많은 고객을 유치하는 데 도움이 되었습니다.

이 씨의 사업은 꾸준히 성장하며 연간 3억 이상의 수익을 거두게 되었습니다. 이를 통해 그는 더 큰 공간으로 이전하고 직원을 고용하며 사업을 확장하는 데 성공하였습니다. 이 사례는 작은 창업가가 현명한 전략과 강력한 집중력을 가지고 사업을 성장시키고 이를 통해 도전과 실패를 극복할 수 있음을 보여줍니다.

따라서 이 사례를 통해 시니어 창업자들에게 중요한 메시지를 전달하고 싶습니다. 그것은 창업은 쉽지 않지만 전략적인 접근 방식과 끊임없는 노력을 통해 성공할 수 있다는 것입니다. 고객의 필요와 기대에 집중하고 자신만의 차별화된 가치를 제공하는 것이 성공의 열쇠가 될 수 있습니다. 또한 무엇보다도 어려움을 겪을 때 포기하지 않고 계속해서 배우고 성장하려는 의지가 중요합니다. 이것이 바로 창업의 도전과 실패를 극복하는 방법입니다.

"청춘은 인생의 어느 한 시절이 아니라 마음의 상태다." –새뮤얼 울먼

– 최서연 작가님께 맛있는 식사도 얻어먹고 멘토링을 받았다.
최서연 작가님을 만나 날마다 글을 쓰고, 월에 전자책 1권씩 출간하는 것과
올해 종이책 2권 출간을 목표로 하고 있다.

지식창업의 성공 경로

지식창업가의 성공요소

지식창업이란, 단순히 물질적인 이익을 추구하는 것이 아닙니다. 그것은 누구나 가진 '지식'이라는 자산을 활용하여 사회적 가치를 창출하고, 다른 사람들에게 영향을 미치는 일입니다. 시니어 창업가들이 가진 깊은 경험과 지식은 이러한 지식창업에 큰 잠재력을 가지고 있습니다.

지식창업의 성공을 위해서는 먼저 자신이 가진 지식과 경험이 무엇인지 확실히 알아야 합니다. 그리고 그 지식과 경험이 어떤 문제를 해결하거나 어떤 가치를 창출할 수 있는지를 고민해야 합니다. 시니어 창업가라면, 그동안의 삶 속에서 배운 지식과 경험이 큰 잠재력을 가지고 있을 것입니다.

다음으로는, 그 지식과 경험을 어떻게 상품화하고 판매할 것인지에 대한 전략이 필요합니다. 이는 고객의 니즈를 이해하고, 제품 또는 서비스를 고객에게 어떻게 판매할 것인지에 대한 마케팅 전략을 포함합니다. 이를 위해서는 시장 조사와 타깃 고객의 이해가 중요합니다.

또한, 지식창업가가 되기 위해서는 끊임없는 학습의 자세가 필요합니다. 세상은 끊임없이 변하고, 기술은 계속 발전하며, 고객의 니즈도 변화합니다. 그 변화를 끊임없이 학습하고 적응해나가는 것이 중요합니다.

창업가의 성공은 창업가 자신의 인내심과 끈기, 그리고 도전을 두려워하지 않는 자세에 크게 의존합니다. 실패를 두려워하거나, 도전을 피하면 성공할 수 없습니다.

또한, 창업의 성공은 단기간에 일어나는 것이 아닙니다. 그것은 오랜 시간 동안의 노력과 끈기를 필요로 합니다. 그리하여, 창업가는 자신의 비즈니스에 대한 믿음과 열정을 가지고 있어야 합니다.

이런 말도 있습니다. "경험이 없는 사람이 도전을 두려워하지 않는 것은 위험하다. 그러나 경험이 있는 사람이 도전을 두려워하는 것은 더 위험하다." 시니어 창업가는 그들의 경험을 활용하여 도전을 두려워하지 않고, 새로운 비즈니스를 개발하는 데 그 경험이 큰 장점이 될 것입니다.

지식창업의 성공은 그 누구도 가질 수 없는 자신만의 지식과 경험을 활용하고, 그것을 사회적 가치로 전환하는 능력에 달려 있습니다. 그리고 그 성공의 기반은 창업가의 자신감과 열정, 그리고 끊임없는 학습의 자세에 기반을 두고 있습니다.

지속적인 도전과 성장을 위한 창업가 정신

지식과 경험으로 그려내는 새로운 세상, 그리고 도전과 성장의 무한한 가능성. 우리 사회의 시니어들은 그들의 삶이 담긴 폭넓은 지식과 다양한 경험을 바탕으로, 1인 지식창업가로서 신선하고 혁신적인 아이디어를 제시하고 있습니다.

이들 시니어 창업가들은 그들의 풍부한 경험을 사업 아이디어로 활용함으로써, 사회에 새로운 가치와 변화를 제공하고 있습니다. 이들의 비즈니스는 단순한 수익 창출을 넘어, 그들의 지식과 열정이 집약된 공간에서 새로운 문화를 만들어냅니다. 그들의 사업은 그들이 걸어온 삶의 길 위에 놓인 새로운 도전이자, 그들의 노년의 삶을 더욱 풍요롭게 만드는 수단이기도 합니다.

그러나 창업은 쉽지 않은 도전입니다. 그것은 시행착오를 반복하며 새로운 것을 배우고, 변화를 수용하며, 때로는 실패를 겪어야 하는 과정입니다. 그럼에도 불구하고, 이들 시니어 창업가들은 그들의 사업을 통해 계속해서 도전하고 성장하려는 정신을 보여줍니다.

그리고 그런 도전적인 정신을 유지하기 위해서는 존 F. 케네디의 말처럼, "나이는 수치일 뿐이다. 마음이 풋내기면 나이는 문제가 아니다."라는 신념이 필요합니다. 이 말은 나이가 사회적, 정신적 성장이나 창의적인 도전의 장애물이 될 수 없음을 보여줍니다.

따라서 시니어 창업가들은 그들의 삶의 경험과 지식을 토대로 사업을 추진함으로써, 사회에 새로운 가치를 제공하고, 그들 자신의 노년의 삶을 더욱 풍요롭게 만듭니다. 그들은 마음의 젊음을 유지하며, 끊임없이 도전하고, 변화를 수용하며, 성장하는 데 집중함으로써, 자신만의 독특한 방식으로 우리 사회와 세상을 바꾸고 있습니다.

이것이 바로 시니어 1인 지식창업가의 도전과 성장의 정신, 그리고 그들이 우리 사회와 세상에 제공하는 가치입니다. 이들의 삶과 도전이 우리 모두에게 새로운 영감을 주고, 우리 사회가 더욱 다양하고 풍요로운 곳이 되도록 이끌어나갈 것입니다.

성공을 위한 계획 및 실행 전략

'농부가 가장 바쁜 시기는 무엇일까?'라는 질문에 대한 대답은 '겨울'입니다. 왜냐하면 겨울에 농부는 봄에 심을 작물을 선택하고, 어떤 경작방법을 사용할 것인지를 결정하며, 어디에 각 작물을 심을 것인지 계획하는 등, 농지에서의 다음 해 활동을 계획하기 위해 시간을 보내기 때문입니다. 이러한 계획은 성공적인 수확을 위한 필수적인 단계입니다. 이것은 시니어가 1인지식창업을 추진하는 과정에도 그대로 적용될 수 있는 교훈입니다.

지식창업은 개인의 지식과 경험을 기반으로 한 창업으로, 그 중요성과 가치는 더욱 강조되고 있습니다. 특히, 노년층인 시니어들은 그들의 폭넓은 지식과 경험을 활용하여 다양한 분야에서 활동하고 있으며, 이들은 사회의 중요한 가치를 창출하는 주요 플레이어로서 자리매김하고 있습니다.

지식창업도 농사짓기와 마찬가지로 성공적인 결과를 얻기 위해서는 신중한 계획과 실행 전략이 필요합니다. 무작정 뛰어들지 않고, 시니어 창업가들이 자신의 지식과 경험을 어떻게 시장에서 가치 있는 서비스나 제품으로 전환할 것인지에 대해 신중하게 생각하고 계획하는 것이 중요합니다. 이는 농부가 겨울에 다음 해의 수확을 위해 신중하게 계획하는 것과 마찬가지입니다.

또한, 신중한 계획에 이어 창업가들은 실행 전략을 세워야 합니다. 이는 창업가들이 실제로 어떻게 그들의 지식과 경험을 서비스나 제품으로 전환할 것인지, 그리고 어떻게 그것을 시장에 판매할 것인지에 대한 구체적인 방법론을 포함합니다. 또한, 잠재적인 문제와 어려움을 미리 예측하고 이에 대비하는 것 또한 중요한 실행 전략의 일부입니다.

지식창업의 성공은 많은 요소에 의해 좌우되지만, 그중에서도 계획과 실행 전략은 분명 중요한 역할을 합니다. 이를 통해 시니어 창업가들은 그들의 지식과 경험을 사회의 가치 있는 자산으로 전환할 수 있을 것입니다. 이러한 과정에서 시니어 창업가들은 단순히 그들 자신의 능력과 지식을 활용하는 것뿐만 아니라, 사회적 가치를 창출하고, 새로운 경제활동을 촉진하는 중요한 역할을 하게 됩니다.

– 오픈톡방 열고 첫 특강 해주신 김종학 대표님

💬 TIP

타깃 고객 이해: 시장 조사를 통해 고객의 니즈, 선호도, 소비 습관을 파악하세요. 이를 통해 제품 및 마케팅 전략을 구체화합니다.

고유한 가치 제안 생성: 제품이 고객의 문제를 어떻게 해결하는지, 그리고 경쟁업체와 어떻게 차별화되는지 명확히 전달하세요.

다채널 마케팅 전략: 온라인과 오프라인을 포함한 다양한 채널을 활용하여 고객과 연결하세요.

고객 관계 관리: 고객 참여를 촉진하고, 고객의 우려 사항을 해결하며, 피드백을 요청하세요. 우수한 고객 서비스 제공을 통해 고객 유지에 초점을 맞추세요.

제품 성과 모니터링: 판매 데이터, 고객 리뷰, 사용 패턴을 추적하여 강점과 개선이 필요한 부분을 파악하세요.

반복과 혁신: 고객 피드백과 제품 성능 데이터를 활용하여 제품을 지속적으로 개선하고 업데이트하세요.

브랜드 아이덴티티 구축: 스타트업의 핵심 가치와 제안을 반영하는 브랜드 아이덴티티를 확립하세요.

SEO 전략 최적화: 관련 키워드로 웹사이트와 온라인 콘텐츠를 최적화하여 검색 엔진에서의 가시성을 높이세요.

개인화된 경험 제공: 고객 데이터를 활용하여 맞춤형 제품, 서비스, 커뮤니케이션을 제공하세요.

SMART 목표 설정: 구체적, 측정 가능, 달성 가능, 관련성 있는, 시간제한이 있는 목표를 설정하여 작업을 관리하세요.

가치 기반 가격 책정: 고객에게 제공하는 인지된 가치를 기반으로 제품이나 서비스의 가격을 결정하세요.

기술 활용: 디지털 도구와 AI를 사용하여 작업을 자동화하고, 시간을 관리하며, 생산성을 높이세요.

위임과 팀워크: 업무를 팀원에게 위임하여 핵심 활동에 집중하고 팀의 역량을 강화하세요.

성장 마인드셋과 감성 지능: 성장하는 사고방식을 유지하고, 감성 지능을 향상시켜 회복력과 학습을 촉진하며, 대인 관계를 개선하세요.

온라인 교육 플랫폼을 운영하는 김모 대표의 아이젠하워 매트릭스 구성(예시)

	중요함	중요하지 않음
긴박함	콘텐츠 업데이트(새로운 강의 업로드, 정보 수정 등), 고객 문의 응답, 기술적 문제 해결	즉각적인 응답이 필요한 이메일 답장, 소셜 미디어 업데이트
긴박하지 않음	플랫폼 개선 계획(사용자 경험 향상, 새로운 기능 추가 등), 신규 강의 계획 및 개발, 향후 비즈니스 전략	이메일 정리, 네트워킹, 뉴스레터 읽기

중요하고 긴박한 일: 이 카테고리의 일들은 즉시 처리해야 합니다. 이에는 콘텐츠 업데이트, 고객 문의에 대한 응답, 기술적 문제 해결 등이 포함될 수 있습니다.

중요하지만 긴박하지 않은 일: 이 카테고리의 일들은 계획적으로 처리해야 합니다. 이에는 플랫폼 개선 계획, 신규 강의 계획 및 개발, 향후 비즈니스 전략 등이 포함될 수 있습니다.

중요하지 않지만 긴박한 일: 이 카테고리의 일들은 가능하면 다른 사람에게 위임하거나, 시간이 허락할 때 처리하면 좋습니다. 이에는 즉각적인 응답이 필요한 이메일 답장, 소셜 미디어 업데이트 등이 있습니다.

중요하지 않고 긴박하지 않은 일: 이 카테고리의 일들은 최소화하거나, 아예 없애는 것이 좋습니다. 이에는 이메일 정리, 네트워킹, 뉴스레터 읽기 등이 있습니다.

이 매트릭스는 일의 우선순위를 결정하고, 시간을 효과적으로 관리하는 데 도움이 됩니다.

	중요함	중요하지 않음
긴박함		
긴박하지 않음		

SMART 목표 설정 방법은 구체적(Specific), 측정 가능(Measurable), 도달 가능(Achievable), 현실적(Realistic), 시간제한(Time-bound)의 원칙에 따라 목표를 설정하는 전략입니다. 이 전략을 사용하여 연간 순수익 3억을 달성하는 목표를 설정해봅시다.

목표	내용
구체적(Specific)	연간 순수익 3억을 달성하기 위해 월 2개 새로운 강좌를 개발하고, 매월 10%의 사용자 증가를 목표로 마케팅 전략을 구체화한다.
측정 가능(Measurable)	강좌 판매 수, 사용자 증가율, 월별 순수익 등을 통해 진행 상황을 측정한다.
도달 가능(Achievable)	현재의 자원, 기술, 시장 조건을 고려하여 이 목표는 현실적이고 도달 가능하다고 판단한다.
현실적(Realistic)	온라인 교육 플랫폼의 수요와 시장 성장률, 그리고 개인의 역량을 고려하여 이 목표는 현실적이라고 판단한다.
시간제한 (Time-bound)	이 목표는 1년 동안 달성되어야 한다. 따라서 월별, 분기별 목표를 설정하여 계속해서 진행 상황을 점검하고 평가할 것이다.

SMART 목표 전략을 사용하면, 복잡하고 장기적인 목표도 관리 가능하고 실행 가능한 단계로 나눌 수 있습니다. 이 방법을 사용하면 성공적으로 연간 순수익 3억을 달성하는데 도움이 될 것입니다.

⊗ 나의 SMART 목표 전략 써 보기

목표	내용
구체적(Specific)	
측정 가능(Measurable)	
도달 가능(Achievable)	
현실적(Realistic)	
시간제한(Time-bound)	

5장

시니어 1인 지식창업가의 성공 사례

5-1

성공한 1인 지식창업가들의 비밀

시니어 창업가들은 전통적인 '은퇴'라는 개념에 도전하며, 창업가 정신이 젊은 사람들만의 것이 아니라는 것을 보여주고 있습니다. 그들은 자신들의 인생 경험, 전문지식, 그리고 넓은 인맥을 활용하여 고령화 인구의 특별한 요구를 충족시키는 비즈니스를 만들어가고 있습니다.

간단하게 말하면, 시니어들이 자신들의 경험과 지식을 바탕으로 자신들의 또래인 다른 시니어들을 위한 서비스를 창업하고 있고, 그 과정에서 '창업'이란 젊은 사람들만의 것이 아니라는 것을 증명하고 있습니다.

사례 1 '키스마이스킨(www.kissmyskin.co.kr)' 박성열 대표

인터넷쇼핑몰 창업은 젊은이들만이 하는 것이 아닙니다. 최근 조기퇴직과 고령화 등으로 은퇴시기가 낮아지면서 50세 이상의 시니어들이 창업을 통해 제2의 인생을 선택하는 경향이 뚜렷하게 나타나고 있습니다. 특히 베이비붐 세대의 은퇴가 본격화되면서 각종 지식과 경험을 축적한 시니어세대가 창업 시장에 진출하고 있습니다. 인터넷쇼핑몰의 경우 자신의 사회경험을 살리면서 체력적인 부담도 없고, 적은 비용으로 시작할 수 있다는 장점이 있습니다.

'9억 노인'이라 불리는 박성열 대표는 병원에서 행정 관리직으로 근무하다가 퇴직을 한 뒤 70세가 다 된 나이에 인터넷쇼핑몰 사업을 시작했습니다. 퇴직 후 아직은 일을 더 할 수 있다는 생각에 무엇을 할까 고민하다 친구인 베이징대 중의학과 교수의 "한방화장품이 여드름 치료에 효과가 있다."라는 말을 듣고 한방화장품 사업을 시작하게 되었습니다.

컴퓨터를 끄고 켜는 법조차 모르는 컴맹이었던 박성렬 대표는 딸에게 컴퓨터와 인터넷을 배워 쇼핑몰을 오픈한 후 이제는 자신의 쇼핑몰에 직접 제작한 한방화장품 사진을 올리고, 온라인 주문사항 체크 등 쇼핑몰 운영을 능숙하게 하고 있습니다.

박성열 대표는 실제 창업을 위해 한방화장품 제조에서부터 인터넷쇼핑몰 운영방법 등 오랜 시간을 투자 했습니다. 이렇게 오픈한 '키스마이스킨(www.kissmyskin.co.kr)'은 창업 초기에 별도 마케팅 활동을 하지 않았음에도 불구하고 빠른 배송과 피부질환이 있는 사람이 안심하고 쓸 수 있는 제품을 만드는 데 주력한 결과 한방화장품 대표 쇼핑몰로 발돋움하게 되었습니다. 제품이 좋아 고객들 반응도 좋았고 오랫동안 병원 행정 관리직으로 근무했던 경험에서 나온 '정직'과 '섬세함'이 쇼핑몰 사업에서 빛을 발한 결과입니다.

사례 2 '마실' 김명희(60) 대표,
도시재생지역 창업 롤모델… "좋아하는 일로 창업하라."

퇴직 후 재취업은 낙타가 바늘구멍 통과하기만큼 어렵습니다. 이에 따라 인생 2막을 창업으로 시작하는 시니어가 늘고 있습니다. KOSIS(국가통계포털)에 따르면, 지난 2022년 3월 50대 창업기업 비율은 22%, 60세 이상 창업기업 비율은 14%입니다. 50~60대 시니어의 창업 비율은 36%에 달합니다.

김명희 대표는 코로나19 확산으로 폐업이 늘고 창업을 꺼리는 현실에도 불구하고, 지난해 4월 창업해 어려운 상황을 헤쳐 나가고 있습니다.

이른바 '경력단절' 여성이면서 60대에 들어선 김 대표가 창업한 과정도 순탄치는 않았습니다. 시니어창업의 롤모델(Role model)이 된 김명희 대표는 2020년, 예상치 못한 코로나 상황을 만났습니다. 기관에서 하던 오카리나 강의가 줄줄이 취소됐습니다. 작은 연습실 겸 레슨 장소가 있으면 좋겠다고 생각했습니다. 간절한 마음으로 장소를 알아봤습니다. 하지만, 서울의 살인적 임차료를 감당할 자신이 없어 포기했습니다. 그러나 위기의 순간에도 기회는 찾아옵니다. 신중년 창업을 지원하는 '점프업 5060' 프로젝트를 만났습니다. 5개월 동안 열심히 배우고 실습한 결과, 43개 팀 중 13개 우수창업팀에 뽑혔습니다. 창업지원금을 받았고 2021년 4월, 드디어 자신의 꿈을 마음껏 펼칠 수 있는 복합문화공간 '마실'을 창업했습니다.

사례 3 『나는 시니어 인플루언서다』 펴낸 이용호 작가

100세 시대가 도래하면서 은퇴 이후 삶의 관심도 높아지고 있습니다. 인생 3막의 중요성이 부각 되는 가운데 메타버스 플랫폼 '이프랜드' 인플루언서(영향력 있는 사람)이자, 머신비전 전문기업 '호연지재' 대표 이용호 작가의 신간 『나는 시니어 인플루언서다』가 주목을 받고 있습니다.

이용호 작가는 책을 통해 시니어 인플루언서로 활동하기 전부터 후에 이르기까지 인생 전반에 걸친 이야기를 풀어냈습니다. 나이에 상관없이 도전하는 삶에 재미를 부여하는 가이드북이라 할 만합니다. 그는 도전과 실패를 거듭하며 성공에 이르기까지 계획과 실천, 습관의 중요성을 강조하고 있습니다.

'도전하는 삶, 매일매일 새로움의 기운으로 마음도 충전할 수 있다.'는 메시지를 던지고 싶어 책을 쓰게 됐다는 이 작가는 미래지도사, 기술닥터, 정보검색사, 남성합창단, 유튜브 · 메타버스 인플루언서, AI 프롬프트 엔지니어링 연구위원 등 진정한 프로 N잡러입니다.

물리적인 나이는 시니어에 접어들었지만, 60대 나이로 당당히 메타버스와 유튜브 인플루언서에 도전해 '호몽(호랑이의 꿈)'으로 제2의 인생을 시작한 이용호 작가는 본인을 "트렌드에 민감한 얼리어답터이자 행복 바이러스를 전하는 오지라퍼."라고 표현합니다.

주업은 산업용 카메라를 이용해 자동화 공장에서 생산된 제품의 불량 여부를 가리는 머신비전 전문기업을 운영하고 있지만, 워크와 피크닉을 결합한 워크닉의 삶을 동시에 추구합니다. 캠핑카 호몽을 운전해 출장을 가고, 출장 간 곳에서 여행을 즐기는 '일과 놀이가 일치되는 삶'을 즐깁니다. "30년 넘게 이어온 일이 인공지능 알고리즘과 밀접성을 지닌 덕분에 새로운 기술을 접하는 것을 두려워하지 않고, 트렌드에 민감하게 적극적으로 대응하며 산다."라고 말합니다. 그는 '라떼 세대'라 불리는 나이에도 변화와 도전을 즐기고, 세대 불문 어울림 속에서 소통하고 교류하며 행복을 느끼는 방법들을 찾아갑니다. 그는 "오지랖 넓은 도전은 인생을 통해 꾸준히 함께할 수 있는 취미를 찾아가는 행보가 아닌가 싶다."라며 "이제 겨우 인생의 시계가 두 번째 스무 살을 지났을 뿐"이라고 말합니다.

승리의 공식,
성공적인 지식창업가의 특징

성공적인 지식창업가가 되려면, 그들이 공통적으로 가지고 있는 몇 가지 특징을 이해하고 내면화하는 것이 중요합니다. 이러한 특징들은 다양한 분야의 창업가들에게서 공통적으로 발견되며, 그들의 성공에 크게 기여한 요인들입니다.

지식과 전문성

모든 지식창업가는 그들이 선택한 분야에 대한 깊은 지식과 전문성을 가지고 있습니다. 이는 그들이 제공하는 서비스나 제품의 품질을 보장하며 고객에게 신뢰를 줄 수 있는 기반이 됩니다. 그들은 지식을 계속해서 업데이트하고 확장하는 데 시간과 노력을 투자하며 이는 그들이 자신의 분야에서 지속적으로 선두 주자로 남아 있을 수 있게 합니다.

열정

성공적인 지식창업가들은 자신이 하는 일에 대한 강렬한 열정을 가지고 있습니다. 이 열정은 그들이 어려움과 도전에 직면했을 때 포기하지 않고 계속해서 자신의 목표를 향해 나아가게 만듭니다. 또한 이런 열정은 고객과 직원들에게도 전달되어 비즈니스 전체의 동기부여와 성과에 긍정적인 영향을 미칩니다.

혁신적 사고

지식창업가들은 혁신적인 사고를 가지고 있습니다. 그들은 항상 새로운 아이디어를 찾고 더 좋은 방법을 모색하며 새로운 기회를 발견하는 데 뛰어납니다. 이런 혁신적 사고는 그들이 시장에서 경쟁력을 유지하고, 변화하는 고객의 요구에 빠르게 대응할 수 있게 합니다.

탄탄한 실행력

성공적인 지식창업가는 모두 훌륭한 실행력을 가지고 있습니다. 아이디어는 중요하지만 그것을 실제로 실행에 옮기는 능력이 그것을 현실로 만듭니다. 이들은 계획을 세우고, 목표를 설정하고, 필요한 조치를 취하여 아이디어를 성공적인 사업으로 변환하는 데 능숙합니다.

지속적인 학습 태도

또한 지식창업가들은 지속적인 학습 태도를 가지고 있습니다. 시장, 기술, 고객의 요구 등은 끊임없이 변하고, 이에 대응하기 위해서는 계속해서 새로운 지식을 배우고 이해해야 합니다. 이들은 자신의 지식과 기술을 지속적으로 업데이트하고 개선하며 이는 그들이 변화하는 환경에 빠르게 적응하고 성공적으로 사업을 유지하는 데 크게 기여합니다.

리더십

지식창업가들은 강력한 리더십을 발휘합니다. 그들은 사람들을 이끌고, 팀을 구성하고, 다른 사람들을 자신의 비전에 참여시키는 데 능숙합니다. 이러한 리더십은 그들의 비즈니스가 성장하고 확장함에 따라 더욱 중요해지며 그들의 사업이 장기적으로 지속 가능하도록 합니다.

지식과 전문성, 열정, 혁신적 사고, 실행력, 지속적인 학습 태도 그리고 리더십. 이들은 모든 성공적인 지식창업가가 가지고 있는 핵심적인 특징들입니다. 이들 특징들을 통해, 자신의 지식창업을 준비하고 성공적으로 이끌 수 있는 방향성을 얻을 수 있습니다. 이러한 특성들은 지식창업의 성공을 위한 중요한 원동력이며 창업가가 되려는 모든 사람이 주목하고 학습해야 할 중요한 특성들입니다.

– 〈바른공간 경영연구소〉 윤정훈 대표님과의 인터뷰

돈 되는 팁,
성공한 창업가들의 조언

지식창업의 세계는 도전적이지만, 또한 매우 보람찬 여정입니다. 성공적인 1인 지식창업가들은 그들의 경험을 통해 중요한 교훈을 얻었으며 이러한 교훈은 창업을 준비하는 사람들에게 큰 도움이 될 수 있습니다.

네트워킹의 중요성을 인지하라

네트워킹의 중요성을 인지해야 합니다. 독자적으로 사업을 운영하더라도, 여전히 다른 사람들과 연결되어 있어야 합니다. 이는 고객, 공급자, 멘토, 동료 창업가 등 다양한 사람과의 관계를 말합니다. 이들은 창업가가 자신의 비즈니스를 성장시키고, 도전을 극복하고, 새로운 기회를 발견하는 데 도움이 될 수 있습니다.

자신의 가치를 알아라

자신의 가치를 알아야 합니다. 이는 창업가가 제공하는 제품이나 서비스가 어떤 가치를 제공하는지, 그리고 이것이 고객에게 어떤 이점을 가져다주는지 이해하는 것을 의미합니다. 이는 창업가가 고객을 더 잘 이해하고 그들의 요구를 충족시키는 데 필요한 제품이나 서비스를 제공하는 데 도움이 됩니다.

팔지 않고 문제를 해결하라

'팔지 않고 문제를 해결하라.'는 말을 새겨봐야 합니다. 이는 창업가가 단순히 자신의 제품이나 서비스를 팔려고 하는 대신 고객의 문제를 해결하려고 노력해야 함을 의미합니다. 이는 고객의 관점에서 사업을 바라보게 하고 그들이 진정으로 필요로 하는 것이 무엇인지 이해하는 데 도움이 됩니다.

꾸준한 자기계발

성공적인 지식창업가는 자신의 기술과 지식을 계속 발전시키기 위해 노력합니다. 새로운 기술, 새로운 시장 트렌드, 그리고 새로운 비즈니스 전략에 대해 배우는 것은 이들에게 중요한 가치를 제공합니다. 이런 지식은 그들의 제품이나 서비스를 향상시키고 경쟁력을 유지하고, 새로운 기회를 활용하는 데 도움이 됩니다.

멘탈 건강을 챙기는 것

창업은 정서적으로도 도전적인 작업입니다. 스트레스, 불확실성, 실패의 두려움 등이 창업가의 멘탈 건강에 부담을 줄 수 있습니다. 이를 해결하기 위해 성공적인 지식창업가들은 정기적으로 자신의 정신 건강을 챙기는 시간을 갖습니다. 이는 명상, 요가, 취미 활동, 그리고 사랑하는 사람들과의 시간 등을 통해 이루어질 수 있습니다.

비즈니스와 개인 생활의 균형

지식창업가들은 비즈니스와 개인 생활 사이의 균형을 잡는 것의 중요성을 알고 있습니다. 이들은 열정적으로 일하지만 동시에 가족, 친구, 그리고 자신의 개인적인 삶에도 주의를 기울입니다. 이는 지속 가능한 창업 경험을 위해 필수적이며 또한 창업가가 그들의 업무를 더 효과적으로 수행하는 데 도움이 됩니다.

　성공적인 지식창업가가 되는 것은 쉽지 않지만, 이러한 지침들을 따르면 그 과정이 더 원활해질 수 있습니다. 이것이 바로 성공적인 1인 지식창업가들이 그들의 경험을 바탕으로 제공하는 핵심 조언입니다. 이들의 경험에서 배우고 그들이 행한 방법을 모방하여 당신도 자신만의 성공적인 지식창업 경험을 만들어보세요.

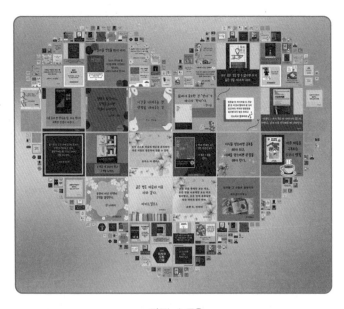

- 카드뉴스 모음

5-4

도전과 기회,
실제 사례에서 보는 지식창업 이야기

지식창업의 도전과 기회: 실제 사례를 통한 탐색

지식창업은 도전의 과정이지만 이러한 도전 속에서도 기회는 존재합니다. 성공적인 지식창업가들은 이러한 도전과 기회를 어떻게 핸들링하는지 그리고 이를 통해 어떻게 성장하는지를 보여주는 사례를 통해 우리는 많은 것을 배울 수 있습니다.

이처럼 실제 사례를 통해 지식창업의 도전과 기회에 대해 탐색하는 것은 창업 준비를 하는 사람들에게 깊은 통찰력과 가치 있는 교훈을 제공할 수 있습니다.

도전: 고객 이해의 부재

한 지식창업가인 김 씨는 자신의 전문지식을 활용해 온라인 교육 플랫폼을 시작했습니다. 그는 자신의 분야에서의 깊은 지식을 바탕으로, 고품질의 콘텐츠를 제공하였습니다. 그러나 사업은 예상만큼 잘 되지 않았습니다.

그의 도전은 고객 이해의 부재였습니다. 그는 자신의 제품과 서비스가 고객에게 가치를 제공할 것이라고 확신했지만 실제로는 그의 콘텐츠가 고객의 문제를 해결하거나 그들의 필요를 충족시키지 못했습니다. 이로 인해 그의 사업은 초기에 많은 어려움을 겪었습니다.

기회: 고객 이해와 제품 개선

하지만 김 씨는 이 도전을 기회로 바꾸는 방법을 찾았습니다. 그는 고객 피드백을 철저히 분석하고 그를 통해 고객의 요구와 문제를 이해하려고 노력했습니다. 이를 바탕으로 그는 자신의 콘텐츠를 개선하고 고객이 진정으로 원하는 것을 제공하기 시작했습니다.

이렇게 함으로써 그는 고객들로부터 긍정적인 반응을 얻었고 그의 사업은 빠르게 성장하기 시작했습니다. 이 사례는 도전을 기회로 바꾸는 방법의 중요성을 보여주며 고객 이해의 중요성을 강조합니다.

도전: 시장 경쟁

이와 같은 도전과 기회의 사례는 다양합니다. 다른 창업가인 박 씨는 IT 컨설팅 업체를 설립했습니다. 그의 도전은 심한 시장 경쟁이었습니다. 이 분야에는 이미 많은 기업들이 존재했으며 이들은 큰 규모와 광범위한 서비스를 제공하였습니다. 이런 환경에서 박 씨는 자신의 작은 스타트업을 어떻게 경쟁력 있게 운영할 것인지에 대해 고민하였습니다.

기회: 독특한 가치 제안

하지만 박 씨는 이 도전을 극복하는 독특한 방법을 찾았습니다. 그는 그의 작은 규모를 이용하여 개인화된 서비스와 밀착된 고객 지원을 제공하였습니다. 이러한 접근법은 큰 기업들이 제공하기 힘든 서비스였으며 이를 통해 박 씨는 시장에서 독특한 가치를 제공하였습니다.

이런 방식으로 그는 자신의 스타트업을 시장에서 차별화시키고 성공적으로 사업을 성장시킬 수 있었습니다. 이 사례는 경쟁 환경에서도 독특한 가치를 찾아내고 이를 통해 차별화하는 방법의 중요성을 보여줍니다.

이 두 사례는 도전과 기회가 어떻게 연결될 수 있는지를 보여주며 이들은 지식창업가들이 자신의 사업을 성장시키기 위해 도전을 기회로 바꾸는 방법을 배울 수 있는 좋은 사례들입니다.

지식창업의 세계는 도전이 가득하지만 그 안에는 또한 많은 기회들이 존재합니다. 앞서 논의한 고객 이해와 시장 경쟁에 대한 사례들과 마찬가지로 우리는 추가적인 사례들을 통해 이를 더욱 깊게 이해할 수 있습니다.

도전: 기술 변화

한 AI 기술 스타트업을 설립한 최 씨는 급격한 기술 변화에 직면했습니다. AI 분야는 빠르게 발전하고 있어 오늘의 혁신이 내일은 기본 기술이 될 수 있다는 점이 그의 주요 도전이었습니다. 이로 인해 그의 회사는 항상 최신 기술 트렌드를 따라가고 제품을 끊임없이 업데이트하고 개선해야만 했습니다.

기회: 연속적인 학습과 혁신

하지만 이러한 도전은 최 씨에게 끊임없는 학습과 혁신의 기회를 제공하였습니다. 그는 그의 팀에게 최신 기술 트렌드를 접하고 이해하는 것을 장려하였으며 이를 통해 그의 제품과 서비스를 지속적으로 업데이트하고 개선하였습니다. 이러한 지속적인 학습과 혁신은 그의 회사가 경쟁력을 유지하고 시장에서 성공하게 하는 핵심 요소가 되었습니다.

도전: 팀 구축과 관리

또 다른 창업가인 이 씨는 컨설팅 스타트업을 운영하면서 팀 구축과 관리에 대한 도전에 직면했습니다. 그는 창업 초기에는 모든 것을 혼자서 해결하려고 했지만 사업이 성장하면서 팀을 구축하고 그들을 효과적으로 관리하는 것이 필요하게 되었습니다. 이는 그에게 새로운 스킬셋을 배우고 적용하는 도전이었습니다.

기회: 리더십과 팀워크의 발전

하지만 이 도전은 그에게 리더십 스킬을 개발하고 팀워크를 발전시키는 기회를 제공하였습니다. 그는 직원들의 역량을 최대한 활용하고 그들이 잘 작동할 수 있는 환경을 만드는 방법을 배웠습니다. 이는 그의 회사가 효율적으로 작동하고 더 큰 성장을 이루는 데 도움이 되었습니다.

이런 사례들은 지식창업가들이 마주하는 다양한 도전과 그 안에서 발견할 수 있는 기회들을 보여줍니다. 이 도전들은 결코 쉽지 않지만 그 안에서는 학습, 혁신, 그리고 성장의 기회가 숨어 있습니다. 이런 기회를 적극적으로 활용하면 지식창업가는 이 도전들을 극복하고 그들의 사업을 성공적으로 성장시킬 수 있습니다. 이것이 바로 지식창업의 본질이며 그 힘을 진정으로 이해하고 활용하는 것이 중요합니다.

"도전은 인생을 흥미롭게 만든다. 그리고 그 도전을 이겨내는 것이 인생을 의미있게 만든다."   – 조슈아 J. 마린

"기회를 기다리는 사람들은 대기하다 시간을 낭비한다. 기회는 준비가 되어 있는 사람에게 찾아온다."   – 버나드 쇼

5-5

실패는 성공의 어머니,
실패에서 배우는 가치

실패는 우리가 흔히 피하려는 것이지만 그것은 사실 우리가 배울 수 있는 가장 훌륭한 교사입니다. 실패는 잘못된 선택을 하였음을 알려주고 어떻게 해서 그 선택이 잘못되었는지를 가르쳐줍니다. 실패는 우리가 무엇을 잘못했는지, 그리고 무엇을 바꾸어야 하는지를 이해하는 기회를 제공합니다.

실제로 많은 성공한 지식창업가들이 그들의 실패를 그들의 성공을 위한 발판으로 사용하였습니다. 그들은 그들의 실패에서 교훈을 얻고 그 교훈을 이용하여 자신의 사업 전략을 수정하고 개선하였습니다. 이들은 실패를 두려워하지 않고 대신 그것을 학습과 성장의 기회로 받아들였습니다.

예를 들어, 김 씨는 한 패션 플랫폼 스타트업을 창업했습니다. 그는 처음에는 그의 사업 아이디어에 대해 매우 확신이 있었고 그의 제품이 고객들에게 큰 인기를 끌 것이라고 생각하였습니다. 하지만, 실제로 제품을 시장에 출시한 후 그는 고객들의 반응이 자신이 예상했던 것만큼 열광적이지 않다는 것을 발견하였습니다.

이 실패는 김 씨에게 큰 타격이었지만 그는 이를 굴하지 않는 도전의 기회로 받아들였습니다. 그는 이 실패를 통해 그의 제품이 고객들의 필요와 기대를 충족시키지 못했다는 것을 깨닫고, 이를 수정하기 위한 방안을 찾기 시작하였습니다.

그는 고객들과 직접 소통하였고 그들이 원하는 것이 무엇인지 그리고 그의 제품이 그들의 요구를 어떻게 충족시키지 못했는지를 이해하기 위해 노력하였습니다. 이를 통해 그는 그의 제품을 개선하는 새로운 아이디어를 얻고 그의 사업 전략을 수정하였습니다.

이런 방식으로 김 씨는 그의 실패를 성공으로 전환하였습니다. 그는 실패를 통해 얻은 교훈을 활용하여 그의 제품과 사업 전략을 개선하였고 이를 통해 그의 사업은 더욱 성장하였습니다.

이렇게 실패는 때로는 우리가 기대했던 결과를 얻지 못할 때 발생합니다. 하지만 그것은 항상 배울 수 있는 기회를 제공합니다. 실패는 무엇이 잘못되었는지를 보여주고 어떻게 수정할 수 있는지를 가르쳐줍니다. 그리고 그것은 때로는 성공을 이루는 데 필요한 중요한 발판이 될 수 있습니다.

지식창업가의 과정은 그 자체로도 독특하며 그들이 겪는 실패도 독특한 교훈과 통찰을 제공합니다. 이들은 지식과 전문성을 기반으로 하는 사업을 운영하므로 그들의 실패는 특히 그들이 선택한 분야에 대한 깊은 이해를 필요로 합니다.

이런 실패의 예로 이 씨의 사례를 살펴보겠습니다. 이 씨는 언어 학습 플랫폼을 운영하고 있었는데 그의 플랫폼은 학습자들이 원하는 학습 자료와 학습 방법을 제공하지 못하여 초기에 실패를 겪었습니다. 이 씨는 이 실패를 통해 학습자들의 요구와 기대를 더 잘 이해하고 충족시키는 방법을 찾아야 한다는 것을 깨달았습니다.

이 씨는 실패를 기회로 삼아 그의 플랫폼을 재조정하기 시작했습니다.

그는 학습자들의 피드백을 청취하고 학습자들이 원하는 자료와 학습 방법을 제공하는 새로운 방식을 찾기 위해 노력하였습니다. 그의 노력 덕분에 그의 플랫폼은 이제 학습자들에게 맞춤화된 학습 경험을 제공하고 그의 사업은 결국 회복하고 성장하게 되었습니다.

이처럼 지식창업가들은 종종 그들의 전문성에 대한 깊은 이해와 그들의 고객들의 요구 사항에 대한 통찰력을 결합하여 실패를 극복하고 성공으로 이어지는 길을 찾습니다. 실패는 그들에게 무엇이 작동하지 않는지, 그리고 무엇을 바꾸어야 하는지를 보여주는 가치 있는 피드백을 제공합니다.

따라서 지식창업가들에게 있어 실패는 두려워해야 할 것이 아니라 오히려 그것을 학습하고 성장하는 기회로 받아들여야 합니다. 그들은 실패를 통해 그들의 전략을 수정하고, 그들의 사업을 개선하고 그들의 성공을 위한 길을 찾아갈 수 있습니다.

실패는 항상 개인의 능력이나 가치를 반영하는 것이 아닙니다. 오히려 그것은 우리가 어떤 도전을 맞이했고, 어떻게 그 도전을 해결하려고 노력했는지를 보여주는 것입니다. 실패는 우리에게 용기를 가지고 실험하고, 배우고, 성장하라는 메시지를 전해줍니다.

지식창업가들은 이런 실패에서 얻은 교훈을 잘 활용하여 그들의 사업을 성공으로 이끌어나갈 수 있습니다. 그들은 실패를 피하기 위해 노력하는 것이 아니라, 그것을 받아들이고 그것에서 배우며 그것을 극복하는 방법을 찾아나가는 데 집중하고 있습니다. 그렇기 때문에 그들은 자신의 실패를 통해 얻은 교훈을 통해 자신의 사업을 더욱 강화하고 그들의 성공을 위한 기반을 더욱 견고하게 만들어 갈 수 있습니다.

예를 들어, '라이너'는 한국 기반의 테크 스타트업으로 사용자 중심의 디지털 노트 작성을 가능하게 하는 애플리케이션을 개발하였습니다. 라이너는 사용자가 웹 페이지를 쉽게 하이라이트 할 수 있도록 해주며 이를 동기화하여 언제 어디서나 접근이 가능하게 만들어 주는 서비스를 제공합니다. 이런 혁신적인 기능들을 통해 라이너는 학생들, 연구원들, 프로젝트 팀 등에서 널리 사용되며 한국 내외에서 큰 인기를 얻었습니다. 이런 성공의 배경에는 라이너의 창립자들이 사용자들의 학습 과정에 대한 깊은 이해와 그들의 요구 사항을 충족시키는 독특한 제품을 개발한 것이 큰 역할을 하였습니다.

또 다른 예로 '매스프레소'는 수학 학습을 위한 애플리케이션인 'QANDA'를 개발하였습니다. 이 애플리케이션은 사용자들이 수학 문제의 사진을 찍으면 인공지능이 문제를 해결해주는 서비스를 제공합니다.

매스프레소는 이 서비스를 통해 전 세계 수많은 학생이 수학 학습에 어려움을 겪는 것을 해결해주었습니다. 매스프레소의 성공은 창업자들의 교육에 대한 열정과 기술을 활용한 혁신적인 서비스 개발 능력에서 비롯되었습니다.

이렇게 라이너와 매스프레소는 각자의 지식과 전문성을 활용하여 독특하고 혁신적인 제품을 개발하였고 이를 통해 성공적인 지식창업을 이루어낸 예입니다. 이들의 사례를 통해 지식창업가들이 자신들의 전문 지식과 열정을 바탕으로 시장의 요구를 충족시키는 혁신적인 제품을 개발하면 그 결과 큰 성공을 이룰 수 있다는 것을 확인할 수 있습니다.

1인 지식창업가의 길에서는 명함이 따로 있지 않습니다. 책이 명함이 되는 세계입니다. 지금까지는 그랬습니다. 앞으론 어떻게 달라질지 모르겠습니다. 자신을 홍보하고 브랜딩하기 위해서는 책을 쓰는 것도 고려해볼 사항입니다. 종이책이 부담스럽다면 페이지 수가 적은 분량으로도 출간이 가능한 전자책에 도전해 보십시오.

글쓰기는 훌륭한 친구 역할을 해줍니다. 생각을 꺼내고, 마음을 토해냈을 뿐인데, 묶여 있던 자신이 치유되는 신기한 경험을 하게 될 수 있습니다. 물론, 조금의 용기가 필요합니다. 그러나 시니어이기에 할 수 있습니다. 산전수전 공중전까지 겪은 이 나이가 곧 훈장입니다. 시작해 보세요.

"무엇이든 시작하는 것이 가장 중요하다. 모든 성공적인 사람은 단순히 시작했을 뿐이다."

— 마크 트웨인

– 출간한 전자책(유페이퍼, 에세이)

– 전자책 출간 기념 최서연 작가님과 유튜브 인터뷰

1인 지식창업가가 소셜 미디어를 사용하는 방법

소셜 미디어는 1인 지식창업가에게 큰 도움이 될 수 있는 플랫폼입니다. 비즈니스의 홍보, 고객과의 관계 형성, 브랜드 인지도 향상 등 다양한 방식으로 이용할 수 있습니다. 소셜 미디어 사용을 통해 지식창업가는 자신의 사업에 필요한 정보를 수집하고 더 넓은 고객층에 도달하며 신뢰성을 구축하는데 큰 도움을 받을 수 있습니다.

소셜 미디어를 이용한 전략 중 하나는 '콘텐츠 마케팅'입니다. 여러분의 지식과 전문성을 공유하고 가치를 제공하는 것은 가장 강력한 마케팅 도구 중 하나입니다. 콘텐츠를 통해 고객에게 도움이 되는 정보를 제공하고 동시에 여러분의 전문성을 보여주는 것은 고객의 신뢰를 쌓고 브랜드 인지도를 높이는 데 도움이 됩니다. 블로그 글, 웹 세미나, 팟캐스트, 소셜 미디어 포스트, 비디오 등 다양한 형태의 콘텐츠를 제작하고 공유함으로써 이 목표를 달성할 수 있습니다.

또한 소셜 미디어는 고객과의 직접적인 소통 수단이기도 합니다. 이를 통해 고객의 의견을 듣고 질문에 답하며 고객 서비스를 제공하는 것은 비즈니스와 고객 간의 관계를 강화하는 데 매우 중요합니다. 소셜 미디어를 통해 고객들의 필요와 요구를 이해하고 그에 따라 서비스를 개선하고 맞춤화하는 것은 차별화된 경쟁력을 가질 수 있게 합니다.

그러나 소셜 미디어 사용에는 신중함이 필요합니다. 올바른 정보를 공유하고 적절한 소통 방법을 사용하며 프로페셔널하고 윤리적인 방식으로 활동하는 것이 중요합니다. 또한 소셜 미디어의 활용은 시간과 노력이 필요하므로 그에 상응하는 가치를 창출할 수 있도록 전략을 잘 세우는 것이 필요합니다.

소셜 미디어는 매우 강력한 도구일 수 있지만 그것만이 전부는 아닙니다. 전통적인 마케팅 전략, 네트워킹, 개인 간의 소통 등도 중요한 부분입니다. 따라서 소셜 미디어 전략은 전체적인 비즈니스 전략의 일부로서 여러분의 목표와 상황에 따라 적절히 조절하고 활용해야 합니다.

먼저 소셜 미디어 플랫폼의 선택이 중요합니다. 각각의 플랫폼은 서로 다른 장점과 특성을 가지고 있습니다. 예를 들어, 페이스북은 고객과의 직접적인 소통에 유용하며, 인스타그램은 시각적인 콘텐츠가 중심입니다. 여러분의 타깃 고객이 어떤 플랫폼을 주로 사용하는지, 그리고 여러분의 비즈니스와 가장 잘 맞는 플랫폼은 무엇인지를 고려해야 합니다.

둘째로, 콘텐츠의 품질에 집중해야 합니다. 고객에게 가치를 제공하는 유익하고 흥미로운 콘텐츠를 제공하는 것이 중요합니다. 또한 콘텐츠는 여러분의 브랜드와 일관성이 있어야 합니다. 여러분의 비즈니스의 가치와 목표를 반영하는 콘텐츠를 생성하는 것은 브랜드 인지도를 높이고 고객의 신뢰를 쌓는 데 도움이 됩니다.

셋째로, 꾸준한 활동이 필요합니다. 소셜 미디어는 꾸준한 참여와 활동을 요구합니다. 일관된 업데이트와 소통을 통해 고객과의 관계를 유지하고 브랜드의 가시성을 높일 수 있습니다.

넷째로, 소셜 미디어는 고객과의 상호작용의 장입니다. 고객의 의견과 피드백을 듣고 그에 따라 반응하고 조치하는 것은 매우 중요합니다. 이를 통해 고객은 자신들의 의견이 중요하다고 느끼게 되고 이는 고객 만족도와 로열티를 높이는 데 도움이 됩니다.

그리고 소셜 미디어 활동의 효과를 측정하는 것이 중요합니다. 이를 통해 여러분의 소셜 미디어 전략이 잘 작동하고 있는지, 어떤 부분이 개선되어야 하는지를 알 수 있습니다. 이러한 피드백은 여러분의 전략을 지속적으로 수정하고 개선하는 데 도움이 됩니다.

소셜 미디어 활동의 효과를 측정하는 방법은 다양하며, 그중 몇 가지 예를 들어보겠습니다.

엔게이지먼트 측정: 엔게이지먼트는 소셜 미디어 사용자들이 여러분의 콘텐츠에 얼마나 활발하게 참여하고 있는지를 측정하는 지표입니다. 이는 댓글, 좋아요, 공유, 저장 등의 형태로 나타날 수 있습니다. 이 지표는 사용자들이 콘텐츠에 얼마나 많은 관심을 가지고 있는지, 그리고 이에 얼마나 반응하는지를 보여줍니다.

팔로워 수 증가율: 팔로워 수는 해당 소셜 미디어 계정의 영향력을 나타내는 좋은 지표입니다. 팔로워 수의 증가율을 측정하면 여러분의 브랜드 인지도가 얼마나 향상되고 있는지 파악할 수 있습니다.

트래픽: 웹사이트로의 트래픽은 소셜 미디어 활동이 실제로 사람들을 여러분의 웹사이트로 유도하고 있는지를 나타내는 지표입니다. Google

Analytics와 같은 툴을 사용하여 이를 측정할 수 있습니다.

전환율: 소셜 미디어 활동이 실제로 판매나 기타 비즈니스 목표를 달성하는 데 얼마나 효과적인지를 나타내는 지표입니다. 예를 들어, 소셜 미디어 광고를 통해 방문한 사용자가 실제로 제품을 구매하거나 뉴스레터 구독 등의 원하는 행동을 취하는 비율을 측정할 수 있습니다.

이와 같이 다양한 측정 지표를 통해 여러분의 소셜 미디어 활동의 효과를 분석하고, 어떤 전략이 잘 작동하고 어떤 부분이 개선되어야 하는지를 파악하는 것이 중요합니다.

위와 같은 전략을 통해 지식창업가는 소셜 미디어를 효과적으로 활용하여 비즈니스의 가시성을 높이고 고객과의 관계를 강화하며 결국에는 성공적인 지식창업을 이루어낼 수 있습니다. 이러한 노력은 단기적인 성과뿐만 아니라 장기적인 비즈니스 성공에도 크게 기여할 것입니다.

성공한 지식창업가들의 비밀 병기,
네트워킹

네트워킹은 지식창업가에게 있어서 비밀 병기입니다. 이는 비즈니스 성공을 위한 핵심 요소이며 성장과 발전, 혁신에 중요한 역할을 합니다. 지식창업가로서의 네트워킹에 대한 이해는 그 자체로 가치 있는 지식이며 그 중요성을 이해하고 그것을 효과적으로 활용하는 것이 필수적입니다.

네트워킹은 본질을 이해하는 것부터 시작해야 합니다. 네트워킹은 단순히 이름과 연락처를 교환하고 비즈니스 명함을 나누는 것을 넘어서야 합니다. 이것은 다른 사람들과의 관계를 구축하고 신뢰를 쌓아가며 상호적으로 유익한 연결을 만들어 가는 것입니다.

그렇다면 지식창업가에게 왜 네트워킹이 이렇게 중요한 것일까요? 일단 네트워킹은 비즈니스의 가시성을 높여줍니다. 당신이 어떤 비즈니스를 하고 있는지, 어떤 서비스나 제품을 제공하고 있는지 사람들이 알게 되면 그것은 자연스럽게 당신의 비즈니스에 대한 인지도를 높여줄 것입니다. 또한 네트워킹은 신규 고객을 얻는 데에도 효과적입니다. 비즈니스 관계를 통해 신뢰와 신용을 쌓을 수 있다면 그것은 자연스럽게 새로운 고객과 파트너십을 이끌어낼 수 있을 것입니다.

또한 네트워킹은 혁신에 있어서 중요한 역할을 합니다. 다른 사람들과의 상호작용을 통해 새로운 아이디어와 접근법을 얻을 수 있습니다. 또한 다른 사람들의 성공 사례나 실패 사례를 들음으로써 그것에서 배울 수 있고 이를 통해 자신의 비즈니스를 개선하고 발전시킬 수 있습니다.

이러한 중요성에도 불구하고, 많은 지식창업가들이 네트워킹에 대해 견제감을 갖기도 합니다. 이는 대개 사람들 사이에 생기는 부담감이나, 불편함 때문일 것입니다. 그러나 네트워킹은 기술이며 누구나 배울 수 있습니다. 그리고 그것은 단순히 비즈니스를 위한 것이 아니라 개인적인 성장과 발전을 위해서도 중요한 것입니다.

따라서 지식창업가로서 네트워킹을 효과적으로 활용하기 위해서는 먼저 네트워킹에 대한 자신의 인식과 태도를 바꾸어야 합니다. 네트워킹은 본질적으로는 서로에게 가치를 제공하는 것입니다. 이것은 당신이 가진 지식, 경험, 기술, 리소스를 다른 사람들과 공유함으로써 그들에게 가치를 제공하는 것이며 반대로 다른 사람들로부터 그들이 가진 가치를 받아들이는 것입니다.

이것은 단순히 주고받는 관계를 넘어서 서로에게 가치를 제공하고 그 가치를 인정하고 존중하는 상호 존중의 관계를 형성하는 것입니다. 이렇게 하면 네트워킹은 더 이상 부담스러운 일이 아니라 가치를 창출하고 공유하는 즐거운 경험이 될 것입니다.

다음으로 지식창업가로서 네트워킹을 위해 필요한 기술들을 배워야 합니다. 그중 가장 중요한 것은 커뮤니케이션 기술입니다. 효과적인 커뮤니케이션은 상호 이해와 신뢰를 형성하는 데 핵심적인 역할을 합니다. 이에는 활발한 청취, 명확한 의사 표현, 적절한 피드백 등이 포함됩니다. 또한 감정 지능도 중요한 역할을 합니다. 다른 사람들의 감정과 입장을 이해하고 존중하는 것은 상호 신뢰와 존중을 구축하는 데 중요합니다.

그 외에도 네트워킹에는 다양한 기술과 전략이 필요합니다. 예를 들어, 이벤트나 모임에서 효과적으로 네트워킹하기 위한 기술, 온라인 네트워킹 기술, 관계를 유지하고 강화하기 위한 기술 등이 있습니다. 이러한 기술들은 시간과 노력을 통해 점차 배울 수 있으며 이를 통해 네트워킹의 효과를 극대화할 수 있습니다.

그리고 지식창업가로서 네트워킹의 효과를 최대화하기 위해서는 지속적인 노력이 필요합니다. 네트워킹은 일회성의 활동이 아니라 지속적인 관계 유지와 발전을 위한 노력이 필요한 것입니다. 이는 다른 사람들과의 관계를 꾸준히 관리하고 신뢰와 존중을 유지하고 상호적으로 가치를 제공하는 것을 포함합니다.

이렇게 하면 네트워킹은 당신의 비즈니스에 있어 중요한 자산이 될 것입니다. 이는 당신의 비즈니스를 더욱 강화하고 새로운 기회를 만들어내며 지속적인 성장과 발전을 가능하게 할 것입니다. 따라서 지식창업가로서 네트워킹의 중요성을 인지하고 이를 효과적으로 활용하는 것이 중요합니다.

네트워킹은 기업가의 필수 능력 중 하나이며 그 중요성은 날이 갈수록 더욱 커지고 있습니다. 성공적인 네트워킹은 상호적인 이해와 신뢰를 바탕으로 상호 가치를 창출하고 공유하는 것입니다. 이를 위해서는 서로에 대한 이해와 존중, 효과적인 커뮤니케이션, 감정 지능, 지속적인 노력 등이 필요합니다. 이러한 노력을 통해 당신은 네트워킹의 힘을 최대한 활용할 수 있으며 당신의 비즈니스와 개인적인 성장을 돕는 데 큰 도움이 될 것입니다. 지식창업가로서 네트워킹의 비밀 병기를 마스터하십시오. 그리고 성공의 길을 개척하십시오.

멘토와의 만남,
성공으로 가는 지름길

멘토십은 지식창업 성공에 있어 매우 중요한 역할을 합니다. 멘토는 경험과 지식을 나눠주는 사람이자 창업자의 성장을 돕는 중요한 도우미입니다. 지식창업에는 새로운 아이디어를 만들고 실행하는 것뿐만 아니라 전문적인 기술과 비즈니스의 이해도 중요합니다. 이런 과정에서 멘토의 역할은 더욱 강조되곤 합니다.

지식창업의 첫 단계에서 멘토는 창업자가 자신의 아이디어를 개발하고 이 아이디어가 시장에서 어떻게 수용될지 예측하는 데 도움을 줍니다. 멘토는 창업자가 자신의 전문 분야에 대한 깊은 이해를 바탕으로 아이디어를 더욱 발전시키도록 가이드합니다. 멘토는 또한 창업자에게 자신의 전문 분야에서 어떤 문제가 발생할 수 있는지, 이러한 문제를 어떻게 해결할 수 있는지에 대한 통찰력을 제공하게 됩니다.

둘째로, 멘토는 창업자가 비즈니스를 성장시키고, 기회를 활용하고, 위험을 관리하고, 변화에 적응하는 데 필요한 전략적인 지도를 제공합니다. 멘토는 경영, 마케팅, 재무, 인사 등 다양한 비즈니스 분야에서 깊은 지식과 풍부한 경험을 가지고 있으며 이런 지식과 경험을 바탕으로 창업자에게 중요한 조언과 가이드라인을 제공합니다. 멘토는 또한 창업자가 자신의 비즈니스 목표를 설정하고, 이를 달성하는 방법을 계획하고, 성과를 평가하고, 개선하는 데 도움을 줍니다.

셋째로, 멘토는 창업자의 개인적인 성장과 개발을 지원합니다. 멘토는 창업자가 자신의 장점과 약점을 인식하고, 자신의 능력을 향상시키고, 자신의 성격과 가치관을 이해하도록 돕습니다. 멘토는 또한 창업자가 자신의 도전과 문제를 극복하고, 자신의 자신감과 의욕을 유지하고, 자신의 리더십과 팀워크 능력을 개발하도록 돕습니다.

넷째로, 멘토는 창업자가 자신의 네트워크를 확장하고, 관계를 구축하고, 기회를 찾는 데 도움을 줍니다. 멘토는 자신의 네트워크와 자원을 활용하여 창업자에게 소중한 연결고리를 제공하고, 이러한 연결고리를 통해 창업자가 비즈니스 파트너, 고객, 투자자, 공급업체, 직원 등을 찾는 데 도움을 줄 수 있습니다. 멘토는 또한 창업자가 사업을 성장시키고, 기회를 활용하고, 위험을 관리하고, 변화에 적응하는 데 필요한 전략적인 지도를 제공합니다.

마지막으로, 멘토는 창업자에게 가치 있는 피드백과 건설적인 비판을 제공합니다. 이는 창업자가 자신의 아이디어와 전략을 검증하고, 자신의 성과와 행동을 평가하고, 자신의 오류와 실패에서 배울 수 있도록 돕습니다. 또한 멘토는 창업자가 자신의 목표와 비전에 집중하고, 자신의 전략과 행동을 조정하고, 자신의 성과와 성장을 극대화하는 데 도움을 줍니다.

지식창업의 성공은 다양한 요소에 의해 결정되지만 멘토의 역할은 분명히 중요합니다. 멘토는 지식창업자에게 필요한 지식, 기술, 경험, 통찰력, 지도, 지원, 네트워크, 피드백을 제공하여 창업자가 자신의 아이디어를 성공적으로 실현하고, 비즈니스를 성장시키고, 자신의 잠재력을 최대한 발휘하도록 돕습니다.

멘토십의 역할을 잘 이해한 후에는, 이를 어떻게 최대한 활용할 수 있을지에 대한 방법을 배워야 합니다. 멘토는 단순히 경험이 풍부한 사람을 의미하는 것이 아닙니다. 멘토는 학습하려는 자에게 알맞은 인사이트와 지식을 제공할 수 있는 사람을 가리킵니다. 그렇다면 이상적인 멘토를 어떻게 찾을 수 있을까요?

첫 번째로, 찾아야 할 멘토는 꼭 자신이 추구하는 분야의 전문가일 필요는 없습니다. 중요한 것은 그들이 가진 경험과 배울 수 있는 지식입니다. 멘토는 비즈니스의 다양한 측면에서 경험을 쌓아 온 사람일 수 있습니다. 그들은 기업을 성공적으로 성장시키는 방법, 새로운 시장에 진입하는 방법, 효과적인 팀을 구축하는 방법 등을 아는 사람일 수 있습니다. 이러한 경험은 어떤 분야에서든 창업을 하는 데 도움이 될 수 있습니다.

두 번째로, 멘토는 학습자의 필요에 따라 다양한 역할을 수행할 수 있어야 합니다. 어떤 경우에는 조언자 역할을 하며 때로는 훈련사 역할을 합니다. 또한 많은 멘토들은 자신의 경험을 바탕으로 리더십, 의사소통, 갈등 해결 등의 기술을 가르치는 역할을 수행하기도 합니다. 이런 다양한 역할을 수행하는 멘토를 찾는 것이 중요합니다.

세 번째로, 멘토는 학습자에게 적극적으로 참여하고 피드백을 제공해야 합니다. 멘토는 학습자의 발전을 돕기 위해 지속적으로 피드백을 제공하고, 성과를 평가하며, 필요한 조정을 권장해야 합니다. 이를 위해 멘토는 학습자의 성장과 발전에 대한 깊은 관심과 열정을 가져야 합니다.

네 번째로, 멘토는 학습자가 자신의 목표와 비전을 명확하게 설정하는 데 도움을 줄 수 있어야 합니다. 멘토는 학습자가 자신의 목표를 이해하고, 이를 달성하기 위한 계획을 세우고, 이를 실행하는 데 필요한 동기부여를 제공하는 역할을 합니다. 이를 위해 멘토는 명확한 목표 설정, 효과적인 계획 작성, 강력한 실행력 구축 등에 대한 지식과 경험을 갖추고 있어야 합니다.

다섯 번째로, 멘토는 학습자가 스스로 생각하고, 문제를 해결하고, 의사결정을 내리는 능력을 개발할 수 있도록 도와야 합니다. 멘토는 단순히 해답을 제공하는 것이 아니라 학습자가 자신의 생각과 아이디어를 개발하고 자신의 문제와 도전에 대한 해결책을 찾을 수 있도록 지원하는 역할을 합니다.

멘토는 지식창업가의 성공을 촉진하는 데 필수적인 요소입니다. 그들은 지식, 경험, 지도력, 네트워크, 피드백 등을 제공하여 창업가가 필요한 지원을 받을 수 있도록 돕습니다. 그러므로 지식창업가로서 성공하려면, 적절한 멘토를 찾고 그들로부터 배우고, 그들과 함께 성장하는 것이 중요합니다. 이렇게 함으로써 지식창업가는 자신의 아이디어를 실현하고, 비즈니스를 성장시키고, 자신의 잠재력을 최대한 활용할 수 있습니다.

자신과 잘 맞는 좋은 멘토는 여러분의 귀한 시간을 단축시켜 줄 것입니다. 멘토의 가장 중요한 능력은 멘티에 대한 열정입니다. 도움이 되고자 하는, 가르침의 열정이 없으면 멘터에게 적극적인 개입이 되지 않습니다. 당연히 피드백이 있을 리 없습니다. 학습자 스스로 일어설 수 있을 때까지의 멘토 개입과 열정의 유무가 여러분의 성장에 자양분이 됩니다. 위의 멘토 역할을 숙지하시고 여러분과 잘 화합이 되는 멘토를 만나 성장하시기 바랍니다.

TIP

성공적인 지식창업가의 특징: 지식창업가들은 항상 변화에 민감하며, 시장의 트렌드를 빠르게 파악하고 적용한다.

성공한 창업가들의 조언: 핵심적인 제품이나 서비스를 주력으로 삼아, 전문성을 키우는 것이 중요하다.

도전과 기회, 실제 사례에서 보는 지식창업 이야기: 실패를 두려워하지 않고 도전하는 정신과 끈기가 필요하다.

실패에서 배우는 가치: 실패를 경험으로 보고, 이를 통해 얻은 교훈을 통해 계속해서 성장하는 것이 중요하다.

1인 지식창업가가 소셜 미디어를 사용하는 방법: 적절한 SNS 활용으로 고객과의 소통을 강화하며, 브랜드 인지도를 높일 수 있다.

성공한 지식창업가들의 비밀 병기, 네트워킹: 광범위한 네트워킹을 통해 창업 초기 자본 조달이나 마케팅 파트너를 찾는 데 도움이 될 수 있다.

멘토와의 만남, 성공으로 가는 지름길: 성공한 창업가나 전문가를 멘토로 선정하고 그들로부터 지식과 경험을 배우는 것이 효과적이다.

유연한 사고, 변화를 받아들이는 자세: 빠르게 변화하는 시장 환경에 유연하게 대응하며, 변화를 기회로 삼는 태도가 필요하다.

고객 중심의 마인드셋: 모든 서비스나 제품은 고객의 문제를 해결하고 가치를 제공하는 것을 목표로 두어야 한다. 고객 이해와 고객 중심의 마인드셋이 필요하다.

에필로그

또 새로운 시작으로

처음 글을 쓰려고 맘을 먹을 땐 오직 저를 위해서였습니다. 좌충우돌하고 있는 제 자신에게 일의 맥을 짚어주고 싶었습니다. 하다 보니 저와 같은 초보들에게 도움이 되면 좋겠다는 생각에 이르게 되었습니다. "시작이 반이다."라는 말이 있습니다. 시작점에서 헤매지만 않아도 자신감을 잃을 일 없이 뚜벅뚜벅 도전할 수 있을 것입니다.

이 책에서 저는 많은 말을 하려고 하지 않았습니다. 새로운 1인 지식창업이라는 비즈니스를 시작하는 데 있어서 큰 줄기만을 잡아서 전해 드렸습니다. 그 줄기만 잡고 한 걸음씩 걸음을 내딛으십시오. 실행할 수 있는 용기는 이 책에서 가져갈 수 있는 가장 큰 자원입니다. 이 길을 걸어가신 고수 선배님들은 물어보라고, 언제든지 도와줄 준비가 되어 있는 분의 포스로, 말을 합니다. 질문은 아예 모르는 초보자 입에서는 한마디도 나오지 않는 법입니다. 이제 여러분은 질문이라는 방언이 터질 수도 있습니다.

생각에만 머무르지 마십시오. 저는 책과 자료에 쌓여 머무른 시간을 좀 보냈습니다. 어떻게 행동해야 할지 몰라서 보낸 시간은 다시 만나기 힘듭니다. 만약 조금이라도 실행했다면, 거기에서 우리는 성공과 실패를 보는 눈이 생기며 행동을 수정해 갈 수 있습니다. "인생은 타이밍이다." 라는 말은 누구나 공감할 것입니다. 해보지 않으면, 움직이지 않으면, 머릿속에 갇힌 생각으로는 아무것도 얻을 수 없습니다. 이제 실행하기 바랍니다.

이 일을 시작하면서 브런치 작가에 도전했습니다. 좋은 성취를 하였습니다. 감사한 일입니다. 그 후 매일 글쓰기를 하며, 월 1권 전자책 출간하기에 도전하였습니다. 현재 전자책 3권을 쓰고, 종이책 1권을 썼습니다. 감사한 변화입니다. 다 행동의 결과입니다. 감나무 밑에 앉아 기다리지 않았습니다. 매일 아침 컴퓨터 앞에 앉은 결과입니다.

물론, 아직 많이 부족합니다. 그러나 제 인생은 글을 쓰기 전과 글을 쓴 후로, 책을 쓰기 전과 책을 쓴 후로, 1인 지식창업을 만나기 전과 1인 지식창업을 만난 후로 달라졌습니다. 앞으로도 더 달라질 것입니다. 이 변화는 오직 제가 디자인한 것입니다. 여러분도 각자 인생의 디자이너가 되어 멋진 시니어로 거듭나시기 바랍니다. 그 한 발자국 앞에 제가 서 있을 것입니다. 먼저 걸어가서 조금 더 배운 것을 여러분과 공유하며, 저를 찾고 원하는 이에게 찐 동료가 되는 게 저의 소망입니다. 감사합니다.

Défi sans fin. 끝없이 도전하라.

백 지 안

참고도서

정현주, 『어쩌다 보니 SNS마케팅으로 월 1,000을 버는 사람이 되어버렸다! : 유튜브, 인스타그램, 블로그로 돈 벌기』, 황금부엉이, 2019

유성은, 유미현, 『인생을 바꾼 시간관리 자아실현』, 중앙경제평론사, 2018

최정훈, 『1인 지식창업의 정석 (지식, 경험, 노하우, 취미가 자본이 되는)』, 위닝북스, 2017

이종서, 『출근하지 않고 퇴직하지 않는 1인 지식창업 (배움이 자본이 되고 지식이 돈이 되는 평생기술)』, 가나북스, 2022

최승영, 『빨리 은퇴하라』, 이은북, 2021

버크 헤지스, 『당신이라는 1인 기업』, 도서출판 나라, 2022

프레이저 도허티, 『나는 돈이 없어도 사업을 한다』, 비즈니스북스, 2017

이승준, 『돈과 시간에서 자유로운 인생 1인기업』, 나비의 활주로, 2020

박현근, 『고교중퇴 배달부 연봉 1억 메신저 되다』, 바이북스, 2019

최서연, 『오늘부터 1인 기업』, 스타북스, 2021

박서인, 『돈 되는 방구석 1인 창업』, siso, 2020

재닌 가너, 『인맥보다 강력한 네트워킹의 힘 (당신의 네트워크에 꼭 필요한 4명부터 찾아라)』, 트로이목마, 2020

김기태, 『소셜미디어 시대에 꼭! 알아야 할 저작권』, 동아엠앤비, 2020

장이지, 『돈 되는 온라인 클래스』, 넥서스BIZ, 2022

김상수, 김형선 외 3인, 『창업을 위한 사업계획서 작성 가이드』, 시대가치, 2022